# DER RAUB DES LEBENS

*Kindesmissbrauch im System der organisierten Vatikan Kriminalität und ihrer geheimen Deckmäntel*

# DER RAUB DES LEBENS

*Kindesmissbrauch im System der organisierten
Vatikan Kriminalität und ihrer geheimen Deckmäntel*

*Erfahrungsbericht und Einsicht in die organisierte kriminelle
und faschistische Struktur der katholischen Kirche*

## COUNTESS SIGRID VON GALEN UND RAFAEL VIOLA

Wir widmen dieses Buch allen Betroffenen von Kindesmissbrauch und anderen organisierten Verbrechen, die von der katholischen und anderen Kirchen systemisch begangen wurden. Möge es allen helfen, die sich noch im großen Schweigen befinden, ihre Stimme zu finden und ihre Geschichte mit anderen zu teilen, und das Licht auf die Wahrheit zu scheinen.

Countess Sigrid von Galen und Rafael Viola

# Inhalt

# Vorwort:

Rafael Violas Geschichte erzählt das Trauma so vieler, und indem er sie teilt, gibt er denen, die immer noch schweigend leiden, seine Stimme, bis sie bereit sind, und sich stark genug fühlen, ihre eigenen wahren Geschichten zu erzählen.

Viele Opfer wurden von diversen Ermittlungen, Polizei und kirchlichen Vorgesetzten nicht angehört oder nur unzureichend unterstützt und letztlich ganz im Stich gelassen.

Der päpstliche Nuntius, die Päpste selbst, Kardinäle, Erzbischöfe, Nonnen und Geistliche ließen sie bis auf einige unverbindliche und dann gebrochene Versprechen und leere Worte völlig allein mit dem Trauma des Missbrauches und anderer schrecklichen Verbrechen, die gegen sie begangen wurden.

Es ist erschreckend, dass die Opfer nicht angemessen betreut wurden, nicht einmal und insbesondere von der IICSA, die eine staatliche, aber sehr selektive Untersuchung war, bei der zahlreiche Überlebende im Regen stehen gelassen wurden und diejenigen, die an den Zeugenaussagen teilnahmen, weitgehend erneut traumatisiert und sich im Stich gelassen fühlten.

Am Ende wurden sie noch mehr zum Schweigen gebracht als je zuvor, da viele Institutionen selbst bei Mord, der sogar mit Zeugenaussagen belegt war, ohne polizeiliche Massnahmen und Untersuchungen einfach davongekommen sind …

Rafael musste sich wie viele andere einer riesigen Gruppe von Geistlichen, Anwälten der Kirchen, Bischöfen und Beamten im selben Raum stellen, die die Überlebenden entweder ignorierten oder sie durch ihre schiere Arroganz ganz bewusst einschüchterten.

Einige Überlebende konnten nach einer langen, aufs neue traumatisierenden Untersuchungssitzung nicht gleich wieder den weiten Weg nach Hause machen und waren auf die Hilfsbereitschaft anderer Betroffener angewiesen, die ihnen anboten, ein Zimmer zu teilen und ihnen Essen zu besorgen, während Anwälte und Geistliche Honorare in schwindelerregender Höhe und Unterkunft in 5 Sterne Hotels geniessen konnten.

Das Institute for Criminology and Justice (ICJ) hat den Zeugenaussagen von Überlebenden Gehör verschafft und hat auf die Bitte von Croome Court-Überlebenden hin einen eigenen unabhängigen Bericht verfasst, der in Teilen auch in diesem Buch zu finden ist.

Anhand von Rafael Violas Fall zeigt der Bericht die Muster des organisierten Missbrauchs in fünf verschiedenen Institutionen auf und die damit verbundene weitere kirchliche Kriminalität und deren Vertuschungsversuche und die damit einhergehende sichtbar werdende Omertà-Kultur.

Daher geht es in diesem Buch nicht nur darum, Rafaels Geschichte zu erzählen, sondern es wirft auch einen umfassenderen Blick auf das größere Bild organisierter Kirchenverbrechen und ihrer Vertuschungsnetzwerke weltweit und verbindet die Punkte aus vielen Blickwinkeln und Perspektiven, einschließlich der verschiedenen vorhergegangenen internationalen Untersuchungen zum sexuellen Missbrauch von Kindern, und wie sie von den Kirchen in vielerlei Hinsicht sabotiert wurden, wie es zum Beispiel in Irland, den USA. Australien und anderen Ländern geschehen ist.

Die Berichte über seine Erfahrungen sind für viele Überlebende herzzerreißend und wirken als Trigger – also nehmen Sie sich einen Moment Zeit und bereiten Sie sich innerlich auf diese Zeugenaussagen in ihrer Tragweite vor.

Jede Stimme, die die Flamme der Wahrheit weiterträgt, ist wichtig! Sind Sie die/der Nächste, die/der Rafael Violas Stimme und mit seiner Geschichte auch das gemeinsame Trauma so vieler anderer, noch ungehörter Betroffener, in den Ohren der Justiz und in der Gesellschaft verstärkt?!

Gemeinsam können wir Gerechtigkeit schaffen durch die Aufdeckung dessen, was die Täterkreise geheim halten wollten!

Wir sind dankbar, dass Ihre Suche Sie zu diesen Seiten geführt hat und dass Sie diese Reise der Wahrheitsfindung mit uns gemeinsam machen, damit diese schlimmen Verbrechen sichtbar und weitere verhindert werden können.

Countess Sigrid von Galen

# Kapitel 1: Einleitung

## Ich bin Rafael Viola. Ein Whistleblower.

Mein Name ist Rafael Viola. Ich bin ein Whistleblower. Ich habe die Polizei und BBC-Journalisten bei Ermittlungen zu den Verbrechen der Sisters of Charity of St Paul the Apostle am Croome Court, der De La Salle Brothers an der St Gilbert's School und der Mitarbeiter des Tennal Assessment Centre unterstützt.

Ich kontaktierte andere Überlebende und half ihnen, einen Rechtsbeistand zu bekommen. Es gibt ungefähr 50 Überlebende von

gewalttätigen Übergriffen am Croome Court, von denen ich weiß, und es wird wahrscheinlich noch viel mehr bekannt, wenn es endlich auch dort eine polizeiliche Untersuchung geben wird.

Es gibt bisher zwei Mordvorwürfe gegen die Nonnen und Vorwürfe des sexuellen Missbrauchs durch die Nonnen und das männliche Personal sowie erhebliche Beweise für körperliche und psychische Folter.

Und dennoch gab es bis heute keine angemessene Untersuchung dieser Verbrechen. Ich denke, dass dies ein Verbrechen an sich ist.

Ich wurde zum Botschafter der unabhängigen Untersuchung des sexuellen Missbrauchs von Kindern, der IICSA, ernannt, die von 2015 bis 2022 in London stattfand.

Ich nahm an den Anhörungen unter der Voraussetzung teil, dass auch ich ungekürzt gehört werden würde.

Dies war meine Chance, die Wahrheit über das Ausmaß des Missbrauchs zu erfahren, den wir als Kinder aktenkundig und nachweislich erlitten haben.

Ich sollte vorausschicken, dass es für mich eine große Anstrengung war, überhaupt zur Untersuchung anzureisen und an den Sitzungen teilzunehmen. Ich bin behindert und benutze einen Rollstuhl.

Ich hatte einen dreifachen Herz-Bypass und leide dauerhaft unter Gefäßproblemen und komplexen posttraumatischen Stress-Syndromen. Trotzdem reiste ich nach London, saß Tag für Tag bei den IICSA-Anhörungen, nur um zu erfahren, dass die meisten von uns schließlich doch nicht in voller Länge angehört würden.

Ich war verständlicherweise wütend. Infolgedessen bekam ich einen Angina-Anfall und verbrachte die Nacht im St. Thomas' Hospital.

Niemand von der IICSA-Untersuchung hatte mich angerufen, um zu erfahren, wie es mir geht.

Trotzdem war ich am nächsten Tag wieder im Gerichtssaal. Ich sagte ihnen, dass die Untersuchung eine Farce sei. Ich beschuldigte auch meinen Anwalt, dass er ein Doppelagent sei. Am Ende beschloss die Vorsitzende, eine zweiminütige Zusammenfassung meiner Aussage vorzulesen.

Das war alles! Wir wurden verraten und verkauft! Ich hatte mit anderen Betroffenen Monate in schriftlicher Korrespondenz und Telefonaten mit Anwälten und Notaren zwecks unserer eidesstattlichen Zeugenaussagen verbracht. Ich wurde auch über meinen Anwalt von der IICSA um Empfehlungen gebeten.

Und nun war plötzlich alles vorbei, ohne dass wir überhaupt zum Zuge kamen. Es war extrem demütigend und retraumatisierend. Es fühlte sich an, als ob den Experten unsere sehr schmerzhaften, traumatischen Erfahrungen völlig egal waren.

Im Zuge der IICSA gab es viele verschiedene Interessengruppen, von denen sich schon damals etliche als Pseudo-Charities und Werkzeuge der katholischen Kirche zwecks Sabotage der Untersuchung entpuppten und die lediglich zur Bespitzelung von uns Opfern dienten.

Es gibt eine Menge solcher Strategien, die aufgedeckt werden müssen, insbesondere die Art und Weise, wie die IICSA-Untersuchung und andere Ausschüsse Betroffene behandelt haben.

Jahrelang hatte ich dieser Untersuchung entgegengesehen, hatte sie als Hoffnungsschimmer für Gerechtigkeit betrachtet und mit meiner Familie darauf hingelebt, endlich gehört zu werden.

Am Ende der IICSA Untersuchung hatte ich einen Nervenzusammenbruch. Später fand ich heraus, dass der Rechtsanwalt, der mich vertrat, eigentlich nur ein Immobilienanwalt war und gar keine Erfahrung mit Straftaten wie Kindesmissbrauch hatte.

Ich hätte ihn nie engagiert , wenn ich das gewusst hätte. Er hat eh kaum mit mir kommuniziert und

ich habe ihn nicht einmal persönlich getroffen. Unsere Erwartungen wurden ernsthaft missbraucht und unsere Unerfahrenheit ausgenutzt.

Ich fühle mich von der IICSA als Alibi und Vorzeigefigur benutzt. Es war hochgradig retraumatisierend und verletzend. Aber es hat uns Betroffene dieser organisierten katholischen Verbrechen auch näher zusammengebracht und nun helfen wir uns gegenseitig auch in den Social Media, um die Wahrheit sichtbar zu machen.

Bis heute habe ich nur unehrliche Entschuldigungen von der römisch-katholischen Kirche erhalten,

vom Erzbischof von Birmingham, Bernard Longley, und vom Päpstlichen Nuntius, Claudio Guggerotti.

Alle versprachen mir   zu helfen, aber sie haben selbst nach wiederholten Jahren des vergeblichen Wartens und einiger Bemühungen meiner Tochter, noch einmal nachzuhaken, bisher keine Schritte unternommen, die uns der Gerechtigkeit auch nur einen Hauch näherbringen.

 Im Gegenteil, die Schweigemauern sind mittlerweile noch dicker geworden.

Das Magazin 'The Tablet' berichtete seinerzeit,  dass das Treffen des Päpstlichen Nuntius mit uns 'ein deutlicher Fortschritt der vatikanischen Herangehensweise darstellt'.

Was für eine Lüge und billiger PR-Trick!

 Mein Fall wurde damals als vorsichtig optimistisch präsentiert, aber diese Treffen haben sich als reine PR-Maßnahmen herausgestellt. Der typische Vatikanische Schweigemauer-Bau.

Die eigentliche Wahrheit, die bei der Untersuchung nicht vollständig gehört wurde, ist diese:

Ich wurde am 21. Juli 1959 in Glasgow in eine multikulturelle und mehrsprachige katholische Familie geboren.

Meine Eltern waren Maria und Alexander Viola. Ich hatte acht Geschwister und wir sind in einer sehr rauhen Gegend aufgewachsen. Das Geld war ziemlich knapp, aber wir wurden gut ernährt und gekleidet und von unseren Eltern geliebt.

Mein Vater war ziemlich streng, aber er hat uns in keiner Weise missbraucht. Dies ist ein Foto von mir, als ich sieben Jahre alt war, als ich noch hauptsächlich zu Hause bei meiner Familie in Glasgow lebte.

© Rafael Viola

**Wenn es Sie wirklich interessiert, sind Sie jetzt eingeladen, die ganze Geschichte zu lesen:**

# Kapitel 2:

## Fragmente einer Kindheit

Schon die Art meiner Geburt war ein Omen, als ich auf die Welt kam: meine arme Mutter kam plötzlich in die Wehen und schaffte es gerade noch bis ins Badezimmer und schrie meinen schlafenden Vater an, er solle schnell Hilfe von den Nachbarn holen.

Er war gerade erst nach Hause gekommen nach einem langen Arbeitstag, erschöpft und vom obligatorischen Feierabendbier eingelullt, aber er sprang sofort gewarnt von ihrer alarmierenden Stimme aus dem Bett.

Ich hing immer noch an der Nabelschnur um meinen Hals herum, am ganzen Körper blau, gelbsüchtig, und nicht nur ich, sondern auch meine Familie war wahrscheinlich fürs Leben traumatisiert von diesem dramatischen Eintritt in die Welt.

Was kann ich sagen - ich musste von Anfang an ums Überleben kämpfen und den Herausforderungen auf Leben und Tod trotzen! Und ich habe jede einzelne überlebt!

Mein Name ist Rafael Viola, ich bin 64 Jahre alt und habe Folter und sexuellen Missbrauch durch die katholische Kirche überlebt.

Es war erst vor 10 Jahren, dass ich **dies zugeben und meine Erinnerungen zulassen konnte. Ich konfrontierte endlich meine Geschichte und Erinnerungen, und begann die Reise der Heilung und lerne seitdem, mit meinen unterdrückten Emotionen** umzugehen.

Ich bin dankbar, dass meine Kinder diesen Prozess nun mit mir teilen. Leider ist meine Frau schon verstorben und hat diese Entwicklung nicht mehr miterlebt.

Aber heute ist kein guter Tag - heute wurden mein Trauma, mein Erlebnis, meine Traurigkeit auf einen Geldwert geschätzt und von der katholischen Kirche auf eine Summe reduziert, die mich wieder einmal gedemütigt und retraumatisiert hat.

Der Preis für meine geraubte Kindheit, der Missbrauch, den ich erlitten habe, und den die Doppel-Agenten in Form der Anwälte der römisch-katholischen Kirche als Entschädigung mit einer Schweigeklausel vorgeschlagen haben, ist nicht einmal erwähnenswert.

Eine vernichtende Entwertung meiner Existenz, deren Geringfügigkeit ich nicht auflisten werde, da sie nicht einmal einen Bruchteil meines Lebens ohne entsprechende Erziehung und Bildung, und vor allem des täglichen Traumas abdeckt!

Wie können wir Betroffenen heilen, wenn diese kriminellen institutionellen Täter uns immer noch in Leugnung und äußerster Beschränkung ihrer Haftung als wertlose inkompetente 'Degenerierte' behandeln?

Die katholische Kirche begeht und vertuscht immer noch weltweit organisierte Misshandlung, Folter, Kinderverschleppung und Versklavung unter Missbrauch ihrer Immunität, wobei die Regierungen den Kirchenvertretern erlauben, ihre eigene organisierte Kriminalität zu untersuchen! Als ob die Mafia jemals ihre Verbrechen in einem Gerichtssaal freiwillig zugab!

Beschützt von Folter und Missbrauch - das sollte ein grundlegendes Menschenrecht für Kinder sein!

Kinder haben und verlieren immer noch ihre Reinheit und Unschuld und ihr ganzes Leben durch organisierten Missbrauch in Kirchen. Meine Kindheitserinnerungen außerhalb meiner Familie bestanden aus Drohungen, Beschimpfungen, Folter, Verlassenwerden, Selbstmordversuchen, sexuellem Missbrauch, Demütigung und Mobbing, um nur einige zu nennen. Diese Ereignisse habe ich die meiste Zeit meines Lebens schweigend in mir getragen und sie mit niemandem geteilt.

Meine Zeit am Croome Court kann nur als die schlimmste Zeit meines Lebens bezeichnet werden, und wenn ich darüber nachdenke, habe ich auch danach einige sehr dunkle Zeiten durchgemacht.

Im Alter von zehn Jahren verändern wir uns meistens und bewegen uns in den vorpubertären Stadien, und das Gehirn wächst und lernt schnell. Was ich im Alter von zehn Jahren gelernt habe, war nicht die Erfahrung anderer 'normaler' 10-Jähriger.

Ich lernte hauptsächlich, in einem extremen Umfeld von bösartiger psychologischer Kriegsführung, Betrug, Missbrauch und Gewalt in jeder Hinsicht einfach nur zu überleben, indem ich mich emotional vom Leben löste, niemandem vertraute und jeden um mich herum fürchtete, jeden Tag aufs Neue, und natürlich auch in jeder Nacht.

Ich weinte mich jeden Abend in grenzenloser Angst in den Schlaf, nur um in Terror wieder aufzuwachen und mit Todesangst den Tag zu beginnen.

Bis mir eines Tages alles zu viel wurde und ich versuchte, meinem Leben ein Ende zu setzen. Mit zehn Jahren wollte ich für immer aus dieser Hölle heraus. Bei der Entlassung aus Croome Court für die Ferien hatte ich aus dem Medizinschränkchen meines Vaters eine Packung Valium für seine Behandlung von TB genommen.

Ich nahm 21 dieser winzigen gelben Tabletten in der Hoffnung, dass ich sterben würde. Das nächste, woran ich mich erinnere, war, dass ich verzweifelt und wütend im Krankenhaus aufwachte, weil mein Plan gescheitert war: ich lebte. Ich fühlte mich machtlos und wollte nur noch schreien und schlug in wilder Verzweiflung um mich.

Das medizinische Personal versuchte, mir zu helfen und dokumentierte sogar in meinen Unterlagen, dass dieser Selbstmordversuch darauf zurückzuführen war, dass ich nicht zum Croome Court zurückgehen wollte, da ich dort offensichtlich traumatisiert wurde, und dass ein hohes Risiko bestand, dass ich es erneut versuchen würde, wenn ich dorthin zurück überführt würde.

Dieser Antrag wurde abgewiesen und ich musste zurück zum Croome Court, nachdem ich vergeblich versucht hatte, mit Hilfe meines Vaters bei meinen Eltern zu bleiben. Meinem Vater wurde daraufhin mit rechtlichen Schritten und sogar Gefängnis gedroht, sollte er mich daran hindern, zum Croome Court zurückzukehren.

Das waren die Macht und der lange Arm der römisch-katholischen Kirche. Mein verstorbener Freund John Lamb, der ein Waisenkind in Croome Court war, meldete sogar einen Mord durch Nonnen bei der Polizei. Er rannte fort zur Polizeistation, nur um zu denselben Nonnen zurückgebracht zu werden, die Täterinnen und Zeugen des Mordes waren und die dort auch noch einen anderen misshandelten Jungen begraben hatten, weil die Polizei ihm nicht glaubte.

page 4

Court n on stop every day except Saturday and Sunday , whilest all the other boys were playing football and other games, so I couldn,t have a lot of playtime or free time to make friends with the other boys, as I was always doing chores or either learning Latin or serving Mass on the Alter, what a life for a young boy, but little did I know my life was to get even worse.

We had to go to confession on a Friday, I was cutting logs one Friday after confession, Father Edwards sister had gone shopping into the village, and Father Edwards took me into his downstairs bedroom and told me to sit on the bed he then said to me that I had not been confessing my sins , he then took down my pants and sexually abused me, then he put me over his knee and smacked my bottom hard, I was crying, shocked and traumatised.  I didn,t go back the next day to do his chores like I was supposed to , a nun came to find me and told me to go back to Father Edwards house to do his chores, I had no option  but to go back ., if I had told the nuns what had happened I would have been beaten black and blue for telling lies, and so my life carried on at Croome Court I was made to carry on doing Father Edwards chores and he continued to abuse me untill I left Croome Court.  It has been very difficult for me to write about this episode in my life at Croome Court I have had to live with this abuse which shocked and traumatised me all my life, what happened to me didn,t happen to all the boys at Croome Court, which I am glad about, most boys didn,t get the same treatment as I had experienced myself, I hated my life at Croome Court.

Im sorry if this offends anyone but it is the truth about what happened to me at Croome Court, I wish all the old boys o.? Croome Court well, and good health and happiness in their future life.


My life then went on to better things starting with my time at Besford Court from 1956 – 1958 which was a much happier time and experience for me, the Masters were strict but fair, not cruel like the nuns.  I won many cups for boxing in 1957 – 1958, I won Victor Ludorum and runner up twice, and I still have the cups and certificates to prove it, I also still have the brown attache case I was given when I left in December, 1958.  These were good days for me at Besford Court. , and I have written another chapter about my life and times at Besford Court.

John Lamb    10.02.2015.


Ich hätte nie gedacht, dass ich diesen ganzen Prozess der IICSA durchlaufen müsste, um Gerechtigkeit und Abschluss für meine verlorene Kindheit zu finden. Ursprünglich wollte ich eigentlich nur eine Zivilklage über meinen Anwalt einreichen, aber das ist genau das, was der Vatikan mit aller Macht und allen Mitteln verhindern will.

Ich hatte nicht damit gerechnet, stattdessen in Programme aufgenommen zu werden oder an Ermittlungen beteiligt zu sein und hochrangige kirchliche Persönlichkeiten wie den Erzbischof von Birmingham und den päpstlichen Nuntius zu treffen.

Obwohl sich dieser Prozess des Heilens und des Whistleblowing manchmal wie ein endloses Drama und extrem belastendes Mühlstein-Gewicht anfühlt, bin ich stolz auf die Errungenschaften, die ich erreicht habe. Ich habe wertvolle Menschen kennengelernt, die ich auf meinem Weg getroffen habe, und habe meine Stimme, die ich gefunden habe, auch anderen Überlebenden geliehen.

Als ich jünger war, begann der Missbrauch immer mehr, mich innerlich zu zerfressen und hat mich wie ein Virus verzehrt und in ein einsames Exil von Trauma-Erinnerungen verbannt, die ich nun endlich verlassen konnte.

Es versteht sich von selbst, dass es Zeiten in meinem Leben gab, in denen ich mich rastlos und überwältigt fühlte, da ich die ganze Last meiner eindringlichen Vergangenheit alleine trug. Ich konnte meine Frau nicht einweihen und erzählte es meinen Töchtern auch erst, nachdem meine Frau gestorben war.

Ich hatte damals das Gefühl, es sei an der Zeit, meine Stimme zu erheben, und ich bin jetzt dankbar, dass wir in einer Welt leben, in der es mehrere effektive Social-Media-Plattformen gibt, auf denen ich frei aussprechen kann, und wo das Thema historischer Missbrauch inzwischen sogar auf der Tagesordnung steht und Unterstützung aus der breiteren Gesellschaft zu fühlen ist und der Dialog nicht mehr länger tabu ist.

Der nachfolgende Auszug ist Teil meiner Stellungnahme, die ich damals mit meinem Anwalt über meine Kindheit erstellt hatte:

9. Meine Eltern waren Maria und Alexander Viola. Meine Großeltern waren irische, spanische und italienische Einwanderer und gründeten ein heute noch bekanntes

Eiscafe. Der Name Viola wurde mir von der italienischen Seite vererbt. Ich hatte acht Geschwister. Wir hatten nicht viel Geld, aber wir waren immer adrett gekleidet und gut ernährt. Mein Vater war zwar streng, aber nicht gewalttätig.

10. In Schottland besuchte ich eine Reihe von Schullandheimen, weil meine Familie zu groß wurde und unsere Wohnung zu klein. Ich wurde in diesen Schulheimen gut behandelt. Ich kann mich nicht mehr an die Namen erinnern, da ich damals noch zu jung war, aber ich glaube, ich verbrachte insgesamt sechs Monate in diesen Heimen.

11. Als ich neun Jahre alt war, sind wir nach Coventry umgezogen, da mein Vater dort Arbeit als Landschaftsgärtner fand.

12. Als ich in Coventry ankam, wurde ich in der St. Ann Primary School eingeschult. Es war eine normale katholische Grundschule. Da das System und der Dialekt in Schottland völlig unterschiedlich gewesen waren, fiel mir die Eingliederung sehr schwer und ich fing an, deswegen die Schule zu schwänzen.

13. Das Schwänzen der Schule brachte mich natürlich in Schwierigkeiten mit dem Jugendamt, und ich wurde durch einen Bericht, der mich als zurückgeblieben beschrieb, zur weiteren Erziehung nach Croome Court geschickt. Ein Schuldirektor namens RG Robinson stufte mich auch pauschal als bedürftig ein und sein Urteil wurde damit auch zum Ausschlag für diese Maßnahme.

14. In 1969, als ich ungefähr zehn Jahre alt war, wurde ich dann nach Croome Court geschickt. Mein Sozialarbeiter, dessen Name ich vergessen habe, sagte mir, dass ich nun umziehen werde. Meine Mutter, die hauptsächlich Spanisch und nur unzulänglich Englisch sprach, wurde überredet, eine Erziehungsvollmacht vom Jugendamt zu unterzeichnen, als

mein Vater nicht anwesend war. Es war ihr nicht klar, was sie unterschrieben hatte.

15. Der amtliche Psychologe für Erziehungsfragen, MF Brittain, hatte dann einen Bericht über mich vorbereitet, der sich mit meiner Schulabwesenheit befasste. Er stufte mein Lesealter als sieben Jahre ein, als ich eigentlich elf Jahre alt war. Er zog die Schlussfolgerung, dass ich extrem zurückgeblieben sei für mein Alter, da ich aus einem mehrsprachigen und multi-kulturellen Elternhaus stammte.

16. Das Amt sagte auch, dass mein dreisprachiger Hintergrund allein schon ausreichte, mich als kulturell minderbemittelt einzustufen, und dass meine Eltern wegen ihrer multikulturellen Wurzeln keine guten erzieherischen Vorbilder wären.

17. Daher empfahlen die Experten, dass ich ein Internat für erzieherisch bedürftige Kinder besuchen sollte.

18. Daraufhin wurde im neuen Bericht empfohlen, dass ich nach Besford Court    geschickt werden sollte.

19. Zu diesem Zeitpunkt wurde ich der Fürsorge des Jugendamtes übergeben, aber ich habe keine Dokumentation über diese Schritte und ich erinnere mich nur noch daran, dass das Jugendamt entschied, dass ich in Croome Court bleiben musste, auch gegen den Wunsch meiner Eltern.

Rafael Viola mit seinem getreuen Hund Rickie, © Rafael Viola

# Kapitel 3:

## Kindheit in Glasgow

Ich habe insgesamt sehr schöne Erinnerungen an meine Kindheit in Glasgow. Trotz der Armut und Not der Nachkriegszeit gab es in der Gemeinschaft ein tiefes Gefühl des Teilens und der Fürsorge. Wir Kinder spielten zufrieden mit unseren kleinen alltäglichen gesammelten Schätzen, die uns buchstäblich in die Quere kamen.

Es war noch die Zeit der Rationierung, Kleidung und Gegenstände wurden recycelt und geflickt. Alle Familien saßen im selben Boot und teilten, was sie hatten - ihre Nahrungsmittel, handwerkliche Fähigkeiten und ihren guten Willen. Man half sich gegenseitig aus und überlebte gemeinsam.

Für uns war die zerbombte Nachbarschaft in den Gorbals von Glasgow unser Spielplatz und wir streiften jeden Tag durch die Trümmerhaufen. Unsere Schatzsuche brachte uns auch oft weiter weg, um Dinge wie Flaschen, Kupfer, Trödel aus den Mülleimern der wohlhabenden Nachbarschaften zu sammeln. Wir wohnten gegenüber von Coal Hill, und ich wanderte oft stundenlang mit meinem Hund Rickie durch die Gegend.

Ich war Teil einer großen katholischen Familie und daran gewöhnt, Priester und Nonnen in der Gegend zu sehen, die Nachbarn in unseren Häusern besuchten. Sie waren Teil der Gemeinschaft und man vertraute ihnen vorbehaltlos.

Meine Mutter war eine gläubige Katholikin aus Spanien und mein Vater ein britischer Offizier, der in Gibraltar stationiert war, wo er meine Mutter heiratete. Sie war eine sehr freundliche Frau und mein Vater war ziemlich streng, aber fürsorglich und niemals missbräuchlich oder gewalttätig.

Wie schon gesagt, ich ging jeden Tag spazieren und streifte stundenlang mit meinem treuen Freund herum, meinem Hund Rickie, der halb Labrador, halb Schäferhund war. Wir gingen auf Abenteuertouren und entdeckten Vogelnester und erkundeten leere Gebäude in der Nähe der örtlichen Destillerie auf Mary Hill, die von betrunkenen Ratten bewohnt waren.

Diese Ratten sahen wie aufgeblasene Katzen aus, als sie den Whisky getrunken hatten und übereinander herfielen. Das brachte mich immer zum Lachen. Manchmal stocherte ich mit einem Stock in ihrer Nähe, um sie zu trennen, was mir Zeitvertreib und Unterhaltung zugleich war und beobachtete, wie sie sich ungeschickt bewegten und betrunken in die Irre liefen.

Eine weitere schöne Erinnerung ist, dass mein Vater mich immer auf dem Weg zum Bus, der uns zu jedem Spiel des Celtic Football Club brachte, auf seine Schultern nahm. Was war das für ein herrliches Vergnügen!

Die Gorbals waren ein sehr benachteiligtes Einwanderungsgebiet in Glasgow, in dem sich überwiegend italienische, spanische, pakistanische Einwanderer und schottische Gemeinden vermischten. Mein Großvater Umberto Viola kam kurz nach dem Ersten Weltkrieg im Alter von zehn Jahren nach Glasgow, und mein Vater Alexander wurde bereits in Glasgow geboren.

Sie betrieben eine Eisdiele, und mein Vater hatte eine gute Ausbildung, die von meinen Urgroßeltern bezahlt wurde. Er trat der Royal Artillerie bei und war in Gibraltar stationiert, wo er meine Mutter kennenlernte. Sie kam aus einer Grenzstadt namens La Linea de la Concepcion.

Mein älterer Bruder Alexander wurde dort in einem Militärkrankenhaus geboren. Meine Eltern haben in Gibraltar geheiratet und sind dann 1949 nach Glasgow gezogen.

Wir waren neun Geschwister, von denen nur noch sechs leben, und unser Hund Rickie, also war es ein geschäftiger Haushalt. Ich war das siebte Kind. Meine Mutter sprach überhaupt kein Englisch, obwohl mein Vater alles versuchte, uns auf Englisch aufwachsen zu lassen. Sie fand es leider zu schwer. Von meinem Vater und in der Schule wurden wir in Englisch erzogen, aber wir sprachen trotzdem den lokalen Akzent.

Meine Grundschule war vier Jahre lang Unsere liebe Frau von Himmelfahrt. Ich erinnere mich noch an den ersten Tag, als wir uns anmelden mussten und unsere Namen aufgerufen wurden. Die meisten Jungen hießen James oder John – Rafael war sehr ungewöhnlich und so wurde ich vom ersten Tag an gehänselt und verspottet.

# Kapitel 4:

## Umzug nach England – Das abrupte Ende der Kindheit

Glasgow war ein schwieriger Ort, um eine Familie großzuziehen. Die Aussicht auf eine Zukunft ohne Armut und Hunger und mit einer menschenwürdigen Bildung war kaum vorstellbar und so gut wie nicht vorhanden. Mein Vater, der eine gute Erziehung genossen hatte, suchte nach einer besseren Arbeit mit besseren Bedingungen.

Als ich neun Jahre alt war, beschlossen meine Eltern daher, nach England zu ziehen, in der Hoffnung, uns Kindern eine bessere Chance im Leben zu geben. Mein Vater arbeitete hauptsächlich als Landschaftsgärtner in Coventry.

Ich besuchte die St. Ann's Primary School in Coventry. Es war eine typisch katholische Schule, aber es war schwierig für mich, da sich der englische Lehrplan so sehr vom schottischen System unterschied. Wir mussten Einstufungstests machen und wurden in unterschiedliche Klassen eingeteilt.

Es fiel mir sehr schwer, mich dort einzuleben, aufgrund des ständigen Mobbings, der Beschimpfungen und der Verspottung meines Akzents und insbesondere meines Namens. Der Druck, den ich verspürte, mich an diese neue Umgebung anzupassen, führte dazu, dass ich mehrmals geschwänzt habe. Ich konnte die Feindseligkeit der anderen Kinder und Lehrer einfach nicht mehr ertragen.

Aufgrund meines Glasgower Akzents und des spanischen Hintergrunds meiner Mutter wurde ich zu Unrecht als "zu Hause benachteiligt", "deutlich geschädigt", "schwer zurückgeblieben" bezeichnet, und die Sprachbarriere wurde als zu groß eingestuft, um mich in der St. Ann's

Primary School zu belassen.

Heutzutage würden die gleichen negativen Attribute in positive wie "mehrsprachig", "multikulturell" übersetzt – aber damals wurde empfohlen, mich in ein "Wohnheim für geistig zurückgebliebene Kinder" zu schicken.

Ich wurde dann unter eine Erziehungs-Verfügung gestellt, die meine Mutter unterschreiben musste und die mich in die Obhut von Croome Court brachte.

Ich weiß jetzt aus dem Informationsaustausch mit anderen Überlebenden von Croome Court und den verschiedenen Institutionen, in die ich geschickt wurde, dass Kinder wie ich einfach klassifiziert wurden, um sie von ihren Familien zu isolieren und uns in eine Lieferkette für den Missbrauch in römisch-katholischen Institutionen einzufügen.

Viele dieser katholischen Institutionen wurden später als Orte des Grauens bekannt mit allen Arten von illegalen Experimenten, manche sogar unter Geheimhaltungsstufen ganz offiziell.

Es war ein ganzes Versorgungssystem, das von den religiösen Orden, insbesondere den Schwestern der Nächstenliebe des Apostels Paulus, aber auch von Geistlichen, der Polizei, Geheimdiensten, dem Militär und den örtlichen Behörden der damaligen Zeit betrieben, erleichtert und vertuscht wurde.

In einer Anstalt war ich wahrscheinlich auch illegalen Drogen Experimenten und psychologischer Kriegsführung ausgesetzt, da ich mich an keinerlei Details aus dieser Zeit erinnere. Wir kommen darauf etwas später ausführlicher zurück.

Ich wurde auch durch das Home-Office-System in die Obhut von St. Gilbert gebracht, da ich wegen meines Schulschwänzens von den Sozialdiensten bemerkt wurde. Nachdem ich einmal zu oft der Schule fernblieb, wurde ich 1969 mit 9 ½ Jahren nach Croome Court gebracht.

Meine Eltern Maria und Alexander Viola, © Rafael Viola

# Kapitel 5:

## Croome Court – Ein Höllenloch

*Croome Court - der Eingang zur Hölle,* © Countess Sigrid von Galen,

Croome Court war eine Heimschule, die von den Sisters of Charity of St Paul the Apostle unter der Aufsicht der Erzdiözese Birmingham betrieben wurde. Offiziell wurde sie als Schule für "behinderte und zurückgebliebene Kinder" bezeichnet. Die Nonnen waren extrem grausam zu uns Kindern und setzten uns ständiger Erniedrigung, Gewalt, Folter, Waterboarding und physischem und psychischem Missbrauch aus.

Sie haben tatsächlich viel Geld mit uns Kindern gemacht und sind keineswegs der einzige katholische Orden, der in organisierten Kindesmissbrauch, Kinderhandel und illegale Experimente verwickelt ist. Schon damals berechneten sie den Sozialdiensten 400 Pfund pro Kind und Jahr, was ein Vermögen war!

Bevor ich nach Croome Court gebracht wurde, freute ich mich fast darauf, dorthin zu gehen. Immerhin wurde mir gesagt, dass ich von Nonnen betreut würde, und meine Eltern, die gute altmodische Katholiken waren, hofften, dass ich dort aufblühen würde, und ich dachte, es wäre schön, mit anderen Kindern auf dem idyllischen Land in einem großen Herrenhaus endlich sicher zu sein und zur Schule zu gehen.

Ich wurde von meinem Sozialarbeiter in Coventry, an dessen Namen ich mich nicht erinnern kann, darüber informiert, dass ich in die Obhut von Croome Court aufgenommen würde. Da war ich neuneinhalb Jahre alt. Er ließ meine Mutter die Papiere unterschreiben, obwohl sie nicht gut genug Englisch sprach, um zu verstehen, worum es ging, und so überschrieb sie mich effektiv den Behörden und lieferte mich an das System aus.

Der Bildungspsychologe des Rates, MF Brittain, schrieb einen Bericht über mich, in dem er feststellte, dass ich ein Lesealter von sieben Jahren hatte, und mich als "schwer behindert" einstufte und dass ich "unter den verdummenden Auswirkungen eines besonders benachteiligten kulturellen Hintergrunds leide".

Der Bericht sagte auch, dass mein "mehrsprachiger Hintergrund an sich ausreicht, um zu einer Behinderung zu führen", unter Bezugnahme auf meine multikulturellen und mehrsprachigen Eltern, und er erwähnte, dass diese aufgrund der Kinderzahl ein "sehr unruhiges Familienleben" führten.

Wir wissen inzwischen, dass die katholische Kirche diese Art von Beschreibungen auf der ganzen Welt verwendet hat, um mit korrupten Beamten in Sozialdiensten und Gerichten gegen Geld Zugang zu Kindern zu erhalten, um organisierten Missbrauch, erzwungene Unterbringung und Adoption und illegale Experimente zu zu ermöglichen und durchzuführen. Dafür haben diese Drahtzieher und Orden natürlich auch noch riesige zusätzliche unversteuerte Einnahmen gehabt, denn sie haben uns Kinder auch noch an pädophile Netzwerke ausgeliefert.

Kinder aus unterprivilegierten und unterschiedlichen Verhältnissen wurden beobachtet und ausgewählt, dann gemäß den Spezifikationen der katholischen Pflegeheime gekennzeichnet, die dann die Kinder für ihre eigenen sadistischen Zwecke, aber auch als Unterhändler verkaufen und missbrauchen würden.

Sie erhielten oft Bestechungsgelder und geheime Gelder für illegale Transaktionen. Wir wurden von den Nonnen auch oft auf Bettelrunden in die Dörfer geschickt wie in den Geschichten von Charles Dickens, nur dass die Nonnen die Position von Fagin einnahmen.

Ich erinnere mich an meine Ankunft: Nonnen holten sieben oder acht von uns Kindern von der Birmingham New Street Station ab. Von Pershore wurden wir zum Croome Court gebracht. Es war bereits dunkel und ich war erstaunt über die lange Auffahrtsallee, die endlos schien. Ich konnte das Gebäude erst sehen, als wir schon in der Nähe waren.

Das Hauptgebäude war eigentlich nicht in Gebrauch und verschlossen. Wir wurden direkt in die Stallungen gebracht, die in Schlafsäle und Klassenzimmer umgewandelt wurden.

Wir wurden im Dunkeln zu den Schlafsälen hinaufgeführt. Stellen Sie sich vor: Es war eine bitterkalte Winternacht, keine Heizung, kein Licht – ein Höllenloch! Ich erinnere mich noch an den unheimlichen Angstgeruch, den Schweiß des Terrors und die feuchte Mischung aus Schimmel und vor Angst eingenässten Betten.

Und dort, im Schlafsaal, stand vor 30 Metallbetten mit groben Laken und Decken die einschüchternde Mutter Oberin von Croome Court mit ihrem versteinerten Gesicht. Sie ließ uns alle unsere Kleider ausziehen und sie in eine Kiste in der Mitte des Schlafsaals legen.

Es waren auch fünf weitere Nonnen um uns herum, die uns Angst machten. Sie gaben uns juckende, grobe, Schlafanzüge mit Nummern darauf, Socken und Gummistiefel. Ich erinnere mich, dass uns allen so furchtbar kalt war und wir am ganzen Körper zitterten, mit trockenen und aufgesprungenen Lippen.

Uns wurden dann "DIE REGELN" eingetrichtert, und dass es sich um Gottes Regeln handelte, was im Grunde bedeutete, dass wir extrem streng bestraft würden, falls wir die Regeln brachen.

Eine der Regeln war, dass die Kleidung, die wir bekamen, die einzige war und dass wir sie gut und mit Respekt behandeln müssten, da wir keine Wechselkleidung hatten.

Ich fühlte mich sofort eingesperrt und gefangen in meiner eigenen Version eines Oliver-Twist-Albtraums, nur dass die Nonnen die kriminellen Rädelsführer waren, die uns später sogar ins Dorf zum Betteln schickten, genau wie Fagin. Die Nonnen, besonders die Mutter Oberin, waren alle extrem feindselig, kaltherzig und abscheulich.

Sie ließen uns auf dem kalten und harten Holzboden knien und beten. Schon in der ersten Nacht weinte ich mich stundenlang in den Schlaf. Ich war total erschrocken und hatte sogar Todesangst.

Am Morgen mussten wir wieder auf dem Boden knien und beten. Dann wurden wir zum Frühstückstisch geführt und mussten uns für unsere Porridge Portionen anstellen. Manchmal bekamen wir auch ein Ei oder eine Wurst und zwei Scheiben Brot und einen dünnen wässrigen Milchtee.

Danach wurde wieder auf dem Boden gekniet und gebetet, bevor die Schule anfing. Gleich am ersten Tag war ich schon in Schwierigkeiten, als ich den Fehler machte, die Nonne herauszufordern, die uns auf die Probe stellte und uns mit Wörtern bewarf, um unseren Wortschatz zu testen.

Ich fand das lächerlich, da ich mich gelangweilt und unterfordert fühlte, und so freiwillig einen ganzen Satz abgegeben hatte anstatt eines einzigen Wortes. Sofort ließ mich die Nonne mit dem Gesicht zur Wand knien und sagte scharf: "Oh, du bist der Schlaue, nicht wahr?!" Dann schlug sie mich mit einem Stock.

Alles, was ich wollte, war weg von diesem bösen Ort. Die Nonnen misshandelten uns Kinder ständig, beschimpften uns mit sadistischen Namen und verprügelten uns. Sie haben uns seelisch und körperlich gefoltert und wir waren alle vom ersten Tag an traumatisiert und voller Angst.

Es gab ständige Gewalt von den Nonnen, Priestern und dem Lehrpersonal. Selbst wenn wir in den Wald gingen, nahmen sie Stöcke mit und schlugen uns wie Vieh und beschimpften uns wieder mit Schimpfworten.

Wir waren total von der Außenwelt isoliert. Niemand, außer besuchenden Priestern, die uns auch misshandeln würden, kam je nach Croome Court. Die nächste Straße war weit entfernt und nur ganz selten war ein Auto aus der Ferne zu hören. Dieses Geräusch war für mich wie der Geruch von Freiheit – es ließ mich frei atmen und mich für einen Moment der Zeit mitnehmen in eine Phantasiewelt weit weg von Croome Court. Irgendwann würde ich fliehen…

Eines Tages nahmen uns die Nonnen und Mitarbeiter mit auf die Felder und wir waren so glücklich. Das war das einzige Mal, dass wir nicht geschlagen oder angeschrien wurden. Die Nonnen empfingen die Inspektoren der Sozialdienste und wollten daher so viele von uns so weit wie möglich von den Besuchern entfernt haben.

Wir haben also tatsächlich nie mit jemandem gesprochen und die Inspektoren haben ihre Bewertungen geschrieben, ohne uns jemals gesehen zu haben, und sich einfach auf die Berichte der Nonnen verlassen.

Ein oder zwei Nonnen zeigten einen Anflug von Mitgefühl, aber sie würden bald wieder in eine andere Einrichtung verlegt werden und blieben dort nicht lange. Eines Tages wurde ich beim Rauchen eines Zigarettenstummels erwischt, eine Angewohnheit, die ich schon als kleiner Junge bei den Gorbals hatte, als wir die Stummel vom Boden sammelten.

Ich leugnete es nicht einmal, als die Nonne mich herausforderte, aber nichts bereitete mich auf ihre Bosheit vor, als sie mich an den Haaren packte und mich die Treppe zur Mutter Oberin hinaufzerrte.

Ich dachte, sie würden mich töten, als die Mutter Oberin anfing, mich wütend zu verprügeln. Dann schleppte mich die andere Nonne in die Küche, wo sie meinen Kopf in einer vollen Küchenspüle in Intervallen gewaltsam untertauchte und mich wieder und immer wieder ihrem Wasserboarding aussetzte.

Dann stellten sie alle wieder in einer Reihe auf, um vor den anderen Jungen ein Exempel an mir zu statuieren, und ALLE Nonnen kamen mit einem Stock, um mich vor 150 Kindern zu schlagen. Die Angst war so groß, dass man eine Stecknadel hätte fallen hören können.

Die Nonnen schlugen uns normalerweise auch, wenn wir während der täglichen zweistündigen "Erholungszeit" das leiseste Geräusch machten. Dann ließen sie uns mit dem Gesicht zur Wand knien, schlugen uns und beschimpften uns wild und willkürlich.

Manchmal ließen sie uns die ganze Nacht mit verschränkten Armen knien, und wenn wir einschliefen oder die geringste Bewegung machten, wurden wir wieder zusammengeschlagen.

Zu anderen Zeiten zerrten die Nonnen und das Personal die Jungen auf die Küchentische, hielten sie in einer Gruppe fest und schlugen sie gemeinsam zusammen. Die Küche war erfüllt von entsetzlichen Schreien und gewalttätigen Misshandlungen.

Ich war inzwischen viel abgehärteter, wenn auch nie gewalttätig, trotz all der Gewalt, die sie gegen mich anwandten. Wenn ich geschlagen oder mit dem Waterboarding gefoltert wurde, versuchte ich, nicht zu weinen oder mich der Demütigung hinzugeben, sondern blieb so ruhig wie möglich, was die Nonnen natürlich als Provokation interpretierten und als Vorwand benutzten, um mich für den Widerstand noch härter zu schlagen.

Bei mehreren Gelegenheiten steckten sie mich sogar über Nacht in eine Abstellkammer, nachdem ich fünf- oder sechsmal versucht hatte wegzulaufen und jedes Mal zurückgebracht wurde, nachdem sie mich an der Bushaltestelle erwischten, als ich um das Fahrgeld bettelte.

Einmal mussten die Nonnen mich von einer Polizeiwache abholen und gaben gegenüber den Polizisten vor, wirklich besorgt und freundlich zu mir zu sein, aber sobald wir im Auto saßen, fingen sie schon an, mich zu schlagen.

Ich hatte mir Krätze zugezogen, und sobald wir wieder in Croome Court ankamen, rasierten die Nonnen mir den Kopf und legten mich in ein mit Toiletten Desinfektionsmittel gefülltes Bad. Danach musste ich jeden Tag meinen Schlafanzug tragen und die Holzböden mit einer Woche altem Wasser und auch mit zugesetztem Toiletten Desinfektionsmittel schrubben.

Unnötig zu erwähnen, dass mein Schlafanzug nass wurde und ich wieder einmal dafür bestraft wurde, dass ich ihn "achtlos verdorben" hatte.

Nach diesem Ereignis lief ich entlang der Bahnlinie einfach wieder weg und bekam irgendwie das Fahrgeld, um nach Hause zu meinen Eltern zu fliehen. Ich erzählte ihnen, was in Croome Court passiert war und dass ich nicht dorthin zurückkehren würde.

Mein Vater reichte eine Beschwerde ein, aber am 19. Oktober 1971 schrieb die Erziehungsabteilung des City of Coventry Council an einen Priester, Pater Manion der Besford Court Residential School, wo Croome Court seinen Sitz hatte, und erklärte, dass es 'in Rafaels bestem Interesse wäre, dort in Ihrer Schule zu bleiben." Dies wurde von TJ Bond, dem stellvertretenden Bildungsdirektor des Rates, geschrieben.

Meine Eltern waren schockiert und mein Vater schrieb zurück an die Nonnen und bat um ein Treffen. Mein Vater versuchte, mich zu Hause zu behalten, aber sie drohten ihm mit Gefängnis, sollte er gegen die Betreuungsverfügung des Innenministeriums verstoßen.

Als mein Vater mir das erzählte, schnappte ich mir 21 der Valiumtabletten meines Vaters, die er wegen seiner Tuberkulose genommen hatte, rannte zum Haus eines Freundes und schluckte die Pille, um mir das Leben zu nehmen. Mein Freund sah mich zusammenbrechen und rief sofort einen Krankenwagen.

Als ich im Krankenhaus aufwachte und feststellte, dass ich noch am Leben war, wurde ich extrem aufgebracht und aggressiv, weil ich wollte, dass alles vorbei ist und ich sterbe. Der Suizidversuch ist auch in meiner Pflegeakte vermerkt.

Die Krankenschwestern glaubten mir erst nicht, als ich sagte, dass ich versucht hatte, mich umzubringen, weil ich von den Nonnen missbraucht worden war, und weigerten sich, irgendetwas zu akzeptieren, was ich versuchte, darüber zu sagen. Sie stellten sich erst auf die Seite der Nonnen.

Der Psychiater im Krankenhaus schrieb später in seinem Bericht, dass ich aufgrund meiner entsetzlichen Erfahrungen in Croome Court offensichtlich versucht habe, Selbstmord zu begehen, und dass ich nicht dorthin zurückgeschickt werden sollte. Er war der einzige, der etwas Mitgefühl und Verständnis zeigte, aber ohne Erfolg, da dies leider vom Sozialdienst ignoriert wurde und ich sofort bis 1972 zurückgeschickt wurde.

Dann entließ mich das Bildungsministerium endlich nach Hause. Für den Rest des Semesters wurde ich wieder an die St. Ann's School geschickt.

Ich bin noch mehrere Male vor der Gewalt und dem unsäglichen Missbrauch durch die Schwestern der Nächstenliebe von St. Paul dem Apostel davongelaufen, aber ohne Erfolg - es hatte die Dinge nur noch schlimmer gemacht, wie Sie sich vorstellen können. Niemand außer meinem Vater und meiner Mutter glaubte mir. Die Sozialarbeiter, die Polizei, die Krankenschwestern im Krankenhaus und die Ärzte fielen alle auf die erbärmliche Show von falschem Mitgefühl herein, die die Nonnen vor Zeugen spielten.

Mein Vater versuchte erneut, mich aus Croome Court herauszuholen, aber ihm wurde mit rechtlichen Schritten gedroht, sollte er versuchen, mich zu Hause zu behalten, da ich immer noch unter der Betreuungsverfügung von Croome Court stand.

Bei einer Gelegenheit schrieb wieder ein gewisser stellvertretender Erziehungsdirektor des Gemeinderates an Pater Manion: "Es wäre im besten Interesse von Rafael, an Ihrer Schule zu bleiben" [Croome Court]. Das war niederschmetternd für meinen Vater und mich.

Als ich nach Croome Court zurückkam, ging ich zurück in den Schlafsaal und sagte den Jungs dort, dass ich nicht dort bleiben würde, sondern einfach wieder weglaufen würde. Ungefähr fünf oder sechs andere Jungen wollten auch mitkommen; einer von ihnen hieß Colin.

Wir gingen alle nach unten und sahen die Nonnen die Auffahrt heraufkommen, und wir versteckten uns schnell unter den Küchentischen. Die Nonnen kamen in die Küche und erwischten uns. Sie wussten, dass ich der Rädelsführer war und trennten mich sofort von den anderen.

Sie fingen an, mich zu schlagen und an meinen Haaren zu ziehen. Dann zogen sie mich nackt aus und rissen mir die Kleider vom Leib und brachten alle Jungen in einen Raum. Die Nonnen packten einen Jungen und fingen an, ihn mit einem langen Lederriemen auf seinen Po zu peitschen. Jeder Junge fing sofort an zu schreien, als auch sie getroffen wurden.

Als sie mich wieder packten und festhielten, peitschten sie mich auch mit dem Lederriemen, aber ich versuchte mein Bestes, nicht zu weinen. Das machte sie noch wütender und sie gerieten in Raserei, sie konkurrierten sogar miteinander, jede schnappte sich den Riemen der anderen in einem Kampf, um mich zu schlagen.

Die Nonnen steckten mich dann wieder in einen Schrank und sagten schreckliche Dinge zu mir, wie: "Du bist der Teufel." Als sie mich in den Schrank steckten, war ich völlig nackt, und sie sperrten mich den ganzen Tag ein. Drinnen war es stockfinster, und ich hatte keine Ahnung, wie spät es war oder was los war. Es war abgrundtiefe Angst, die meinen Körper bis ins Mark lähmte.

Ein anderes Mal, an einem Tag der offenen Tür in Croome Court, besuchte uns ein Priester, der sich als Erzbischof von Birmingham, George Dwyer, herausstellte, und wir begannen uns über seinen Oldtimer zu unterhalten, der die gleichen Initialen wie mein Name trug.

Während des Gesprächs pfiff ich eine Melodie, die der Erzbischof hörte und mochte, und wir plauderten weiter und ich sagte ihm, dass die Schwestern mich die ganze Zeit verprügeln und mit Riemen schlagen würden. Seine Antwort war einfach: "Oh, das würden die Nonnen nicht tun! Das sind doch nette Leute!' Auch er weigerte sich, mir zu glauben, genau wie die anderen Autoritätspersonen.

Sie können sich vorstellen, wie mich das lange Zeit fühlen liess und mich beeinflusste - zu wissen, dass die Nonnen als Menschen, die die Macht über das Leben und die Zukunft der Kinder haben, ihre Autorität und unser Vertrauen missbrauchen konnten, um mit organisiertem Missbrauch, anderen Verbrechen und sogar Mord davonzukommen, ohne je dafür zur Rechenschaft gezogen zu werden.

Letztendlich war mein Selbstmordversuch zumindest die Eintrittskarte für meinen Abschied von Croome Court gewesen, da die Schwestern der Nächstenliebe von St. Paul the Apostle erkannt haben müssen, dass ich auf lange Sicht ein zu großes loses Ende für sie war, zumal sie mich trotz all ihrer gewalttätigen Bemühungen nicht zum Schweigen bringen oder meinen Mut brechen konnten. Und sie sollten Recht behalten, denn ich habe mein Leben lang auf die Chance gewartet, meine schlimmen Erlebnisse irgendwann an die Öffentlichkeit zu bringen.

Sie wussten, dass ich versuchen würde, wieder wegzulaufen und den Leuten draußen von ihrem geheimen Missbrauch und ihren Vorgängen zu erzählen. Schließlich wurde ich von dort schließlich in eine andere Einrichtung verlegt, ins Pater Hudson's Home in Coleshill.

# Kapitel 6:

## Die Zeit ohne Erinnerung – Geheime Experimente: Pater Hudson's Home und St. Edward's Boys Home in Coleshill

Dieses Kapitel ist ein besonders seltsames, da ich mich an keine Details der Zeit im Haus von Pater Hudson erinnern kann, außer dass ich von der Polizei gefunden wurde, als ich versuchte, von dort wegzulaufen. Ich war ungefähr vier Monate bei Pater Hudson in Coleshill.

Es scheint in der Tat sehr seltsam, dass ich mich an fast jedes einzelne Detail von all den anderen Orten erinnern kann, oder besser gesagt: den Höllenlöchern und den Menschen, die mich und die anderen Überlebenden misshandelt haben. Wie kann es sein, dass ich eine totale Erinnerungslücke an dieses Heim habe und mein Gedächtnis hier völlig leergeräumt ist?!

Father Hudson's Home ist die Sozialpflegeagentur der Erzdiözese Birmingham. Soweit ich weiß, betreibt die Father Hudson Society seit 1984 keine Wohnheime mehr, aber derzeit immer noch eine Reihe von Diensten, darunter Adoption, Pflege, Wohnen und Tagespflege für ältere Menschen und Menschen mit Behinderungen, was ich sehr besorgniserregend finde.

Ich habe versucht, meine Aufzeichnungen von der Pater Hudson's Society zu erhalten, aber sie behaupten, sie hätten keine Unterlagen aus meiner Zeit dort finden können. Einige Priester dieses Heims wurden später als Täter verurteilt.

Einmal bin ich von dort weggelaufen, wurde aber von der Polizei in Flechemsted aufgegriffen. Sie verhafteten mich und brachten mich zu meinem Vater nach Hause und sagten meinen Eltern, dass ich beim Schulschwänzen erwischt worden sei.

Auch meine Schwester kam in ein Pflegeheim, von dem sich später herausstellte, dass die Kinder dort Drogen, Missbrauch und illegalen psychologischen und neurologischen Experimenten ausgesetzt waren. Ich vermute stark, dass Pater Hudsons Haus auf die gleiche Weise genutzt wurde – als eine Art Versuchsanlage. Die Akten sind daher eine geheime Verschlusssache, was ein weiteres Indiz ist.

Im Kalten Krieg suchte Russland nach begabten Kindern und hatte ein System, sie als "zurückgeblieben", "sprachlich benachteiligt" zu kodieren, obwohl sie in Wirklichkeit intelligent, mehrsprachig und aus verschiedenen gemischten ethnischen Hintergründen waren. Also fing der Westen an, dasselbe zu tun, und was für ein besserer Partner in der Kriminalität als der Vatikan und das internationale anglikanische Netzwerk, die ja vor allem seit dem Ende des Zweiten Weltkriegs als heimliche Einheit hinter den Kulissen und vor allem in der Fortsetzung der Naziexperimente illegal in Kircheneinrichtungen kooperierten.

Auf diese Weise erhielten die Pflegeheime, die von Nonnen und Mönchen geleitet wurden, Mittel vom Innenministerium über die Vermittlung von Sozialdiensten und erzielten oft ein zusätzliches Einkommen, indem sie die Kinder geheimen Testprogrammen und erzwungenen Adoption Programmen unterzogen, ohne es Dritten Parteien ausdrücklich mitzuteilen, und sicherlich erst recht nicht unseren Eltern.

Schließlich waren die Zeiten mit dem laufenden Kalten Krieg ohnehin weitflächig paranoid. Gedankenexperimente wurden nicht nur von den Russen durchgeführt, sondern als Reaktion darauf von der CIA und anderen geheimen westlichen Agenturen und Militäreinrichtungen übernommen und von den mit neuen Identitäten ausgestatteten ehemaligen Naziexperimentlern in verschiedenen Einrichtungen international diskret koordiniert.

Religiöse Orden boten eine problemlose Durchführung unter einem besonderen Vertrag der Leugnung von Seiten des Vatikans an und arbeiteten so mit westlichen Geheimdiensten zusammen und im Zuge der Immunität führten sie ihre eigenen illegalen Experimente durch und verkauften ihre daraus resultierenden Produkte, Probanden und Services, da sie für ihre verschiedenen Experimente einen ständigen Nachschub speziell ausgewählter Kinder bekamen, die mit Codes gekennzeichnet waren.

Ein Mann namens Sidney Gottlieb erhielt von der CIA und anderen einen Freibrief für die westliche Welt und eine Lizenz zum Töten, die er benutzte, um Foltereinrichtungen in ganz Europa und in den Vereinigten Staaten einzurichten. Sein Hauptlabor, gefüllt mit Giften, Toxinen und Drogen aus aller Welt, einschließlich der exotischsten, befand sich in Fort Dietrich.

Er hatte keinen Vorgesetzten, da die CIA und ihre Partner nicht für seine Massenmorde haftbar gemacht werden wollten und mit Leugnung handelten. Niemand wusste, wer er war und wie er aussah. Die Leute wussten nur, dass er den Ruf hatte, sanftmütig zu sein.

Für seine Experimente rekrutierte er ehemalige NS-Ärzte, die ihre Erfahrungen aus den Konzentrationslagern für seine "Tests" nutzten. Er hatte Kinder und Erwachsene in allen möglichen Einrichtungen einer Vielzahl von Drogen ausgesetzt und sie damit gefoltert. Er ließ sie auch sedieren und brachte sie dann wieder in einen Zustand der Hyperaktivität, nur um sie Elektroschocks auszusetzen.

Zahlreiche anonyme Massengräber waren sein Vermächtnis in der Umgebung seiner Einrichtungen, einschließlich katholischer Kinderheime, in denen ich untergebracht war.

Denken Sie darüber nach: Wir waren alle von unseren Familien oder manche sogar als Waisen isoliert. Wir wurden als "zurückgeblieben" und "schlecht in Englisch" beschrieben – aber es wurde oft als Gegensatzkodierung von den religiösen Orden verwendet, unter deren Obhut wir offiziell gestellt wurden, und bedeutete also"klug", "multikulturell", "multi -lingual-, 'intelligent', 'wissbegierig', und wir wurden missbraucht, sodass uns der menschliche Freiheitswille ausgetrieben wurde.

In vielen kriegführenden Ländern werden diese Taktiken angewendet, um individuelle Schläfer und auch Gruppen und Zellen für mögliche zukünftige Angriffe auf andere Nationen oder für Spionage auszubilden, und sie werden so in der offiziellen Leugnung von irgendeiner Kenntnis benutzt.

Im Laufe der Zeit wurde in der Presse viel darüber spekuliert und diskutiert, aber die tiefere verborgene Agenda dieser Orte und die Abschirmung der Kirche durch die Geheimdienste dauern noch an. Ich vermute stark, dass die IICSA sehr stark angewiesen wurde, diese speziellen Einrichtungen, in denen ich mich befand, wegen ihrer geheimen Regierungsbeteiligung nicht zu untersuchen.

Ich besuchte diese Schule ein Jahr lang, schwänzte aber oft, weil ich wusste, dass ich dort nicht hingehörte und unterfordert war und einer wirklichen Ausbildung beraubt wurde, nach der ich mich so sehr sehnte. Ich war wissbegierig, liebte es, neue Dinge zu studieren und Fähigkeiten zu verfeinern und auszubauen, aber offiziell wurde ich zum Dummkopf erklärt.

Als Teil des Gruppenzwangs und des Versuchs, mich unter die Jungs aus der Nachbarschaft zu mischen, wurde ich beim Ladendiebstahl erwischt und im Januar 1973, im Alter von dreizehn Jahren, vom Coventry Jugendgericht in die Obhut des Coventry Council gebracht. Sie schickten mich für ein paar Wochen in eine Jugendstrafanstalt in der Nähe von Leicester, was eine sehr gewalttätige Einrichtung war.

Ich wurde sowohl vom Personal als auch von den älteren Jungen geschlagen. Es war ein extrem böser Ort. Wir mussten in einem großen Schlafsaal schlafen, genau wie in den anderen Einrichtungen. Nachts konnte ich Jungen schreien hören und mehr als einmal hörte ich, wie ein Junge vergewaltigt wurde.

Ich glaube, die älteren Jungen, die ungefähr 15 oder 16 Jahre alt waren, haben einen jüngeren Jungen im Raum sexuell missbraucht. Ich hielt meinen Kopf unter meiner Decke und sah nicht auf, weil ich zu viel Angst hatte, dass sie mich als Nächsten auswählen könnten. Ich glaube, dass die Mitarbeiter wussten, was los war, aber sie taten nichts, um die gefährdeten Kinder zu schützen.

Ich wurde dann in das berüchtigte Tennal Assessment Center verlegt.

# Kapitel 7:

## Hotspot der Pädophilen Netzwerke – Das Tennal Assessment Centre, Birmingham

Als ich 13 Jahre alt war, wurde ich noch für vier Monate in das Tennal Assessment Centre in Birmingham geschickt. Dieses Zentrum wurde später als eine der schlimmsten Einrichtungen für organisierten Kindesmissbrauch entlarvt. Benutzt und abgeschirmt von Strafverfolgung wurde es lange Zeit von sogenannten Säulen der Gesellschaft, die an der Vergewaltigung und Folter von Kindern beteiligt waren . Es gab mehrere Serientäter, die nach der Operation Camassia von der West Midlands Polizei erfolgreich verfolgt und verurteilt wurden.

Ihre Namen sind Robert Glover, Arthur Birch, Terry Goodall, Peter Brook und Eugene Devotti. Fast 100 Personen brachten Klagen wegen Missbrauchs gegen diese Männer und auch gegen den Stadtrat von Birmingham ein. Das Traurige ist, dass wir älteren Betroffenen in dieser Sache unseres Rechts beraubt wurden, da gesetzliche Verjährungsfristen in Kraft getreten waren.

Ich wurde von Eugene Devotti missbraucht, der nicht nur Nachtdienstleiter im Tennal Assessment Center, sondern auch Domorganist an der St. Chad's Cathedral war. Man kann die engen Verbindungen zwischen dem Stadtrat, den Sozialarbeitern und der Kirche sehen, die oft in den meisten Einrichtungen für Kindesmissbrauch vorhanden sind, wenn es um organisierte Kriminalität geht.

Es gab auch Hunderte von Opfern, die sich bei verschiedenen polizeilichen Ermittlungen gemeldet haben, aber meines Wissens gingen nur 60 vor Gericht. Während meines Aufenthalts dort liefen

28 Jungen, die ich kannte, allein in einem Monat weg!

Im Tennal Assessment Center drehte sich alles um Zigaretten, die wie eine Währung behandelt wurden. Einige der Mitarbeiter bezahlten die Jungen mit Zigaretten für sexuellen Missbrauch.

Im Schlafsaal drängten mich die älteren Jungen, für Zigaretten Sex mit Eugene Devotti zu machen, der Lehrer, Nachtmanager, aber auch Organist der Kathedrale war. Ich ging in Devottis Büro und er nahm seinen Penis heraus. Keiner von uns sprach. Ich wusste, was er von mir erwartete, und ich führte die Handlung an ihm durch.

Danach gab er mir sieben oder acht Zigaretten, und ich schämte mich unsagbar und ekelte mich. Ich habe das nie wieder gemacht. Damals kannte ich seinen Namen nicht, aber Jahre später wurde mir von der Polizei mitgeteilt, dass er Eugene Devotti hieß und auch Organist an der Kathedrale von St. Chad war.

Später wurde er im Alter von 79 Jahren zu acht Jahren Gefängnis verurteilt. Späte Gerechtigkeit zumindest für einige Überlebende seiner Verbrechen.

Einmal, glaube ich, hat auch jemand versucht, mich in meinem Tiefschlaf zu stören. Ich wachte plötzlich auf, mit heruntergelassener Pyjamahose und entblößten Genitalien. Ich fühlte mich benommen und war noch im Halbschlaf, als jemand über mir stand.

Vergewaltigung war auch unter den Jungen im Tennal Assessment Centre üblich. Die älteren Jungen schienen in den Betten der jüngeren Jungen hinein- und herauszuspringen. Es war einer der schrecklichsten Orte, an denen ich je gewesen bin.

60 Überlebende des Tennal Assessment Center gingen 2001 vor Gericht, um die Birmingham Stadtverwaltung zu verklagen, und neben Eugene Devotti wurden auch Arthur Birch und Tony Goodhall zu acht Jahren Gefängnis verurteilt.

Der Missbrauch im Tennal Assessment Center ist besonders bedeutsam, da fast alle Mitarbeiter an den Misshandlungen und Vertuschungen beteiligt waren und dafür sorgten, dass nicht einmal die Polizei auf unsere Hilferufe hören würde. Es kam dem Birmingham Council nie in den Sinn, sich auch nur zu fragen, warum so viele Jungen regelmäßig versuchten, von dort zu fliehen.

Stellen Sie sich vor, Sie werden von einer Vertrauens- und Autoritätsperson missbraucht, die auch von den anderen Mitarbeitern geschützt wird, die sich um Sie kümmern und Ihnen eine gute Ausbildung geben sollen! Stattdessen lernen Sie, dass Sie niemandem mit Autorität vertrauen können, da er höchstwahrscheinlich Missbrauchstäter und Mitglied eines größeren Missbrauchs-Netzwerkes ist.

Nach meiner Erfahrung mit den verschiedenen Institutionen, in die ich aufgenommen und gegen meinen Willen und den meiner Eltern untergebracht wurde, waren sie alle Teil der riesigen organisierten kriminellen Netzwerke des Vatikans für Missbrauch, Menschenhandel und illegale und geheime Menschenversuche.

Es ist kein Zufall, dass Akten versiegelt wurden und die Kirchen und das Innenministerium verzweifelt versuchen, Gerichtsverfahren zu vermeiden, da sie dann gezwungen wären, Dokumente vorzulegen und diese so öffentlich zugänglich wären. Daher wird weltweit eine Armee von Doppelagenten-Anwälten beauftragt zu versuchen, über sogenannte NDAs, Schweigeklauseln, außergerichtliche Einigungen zu erzielen und jeden Gerichtsprozess so lange wie möglich zu vermeiden oder zumindest hinauszuzögern und die Betroffenen einzuschüchtern.

In vielen Fällen waren die Verjährungsfristen bereits abgelaufen, und wo sie noch galten, versuchte die Kirche, Zeit durch PR-Stunts, geheuchelte Entschuldigungen und die Gründung von Schein-Wohltätigkeitsorganisationen zu gewinnen, die das einzige Ziel hatten, die Überlebenden auf eine andere Weise in die Falle zu locken, auf Zeit zu spielen und sie zum Schweigen zu bringen.

Es wurden auch Wohltätigkeitsorganisationen eingerichtet, die als Deckmantel dienten und nur so taten, als ob sie für die Unterstützung von Überlebenden fungierten, wie telefonische Notrufnummern, die die Überlebenden nur zynisch an die Täterorganisation zurückverwiesen, nämlich an die Kirche, das Innenministerium und die Diözese, die damals für die Institutionen zuständig war.

Diese Wohltätigkeitsorganisationen sind oft einfach nachrichtendienstliche Einrichtungen im Auftrag des Vatikans und der Anglikanischen One Church, die darauf aus sind, von den Opfern Intel zu sammeln und ihnen vorzugaukeln, dass Schutzmaßnahmen und Unterstützung für Überlebende jetzt vorhanden sind, aber es könnte nicht weiter von der Wahrheit entfernt sein.

Die nächste Anstalt, in der ich untergebracht wurde, war die berüchtigte St. Gilbert's Approved School, als ich vierzehn war.

# Kapitel 8:

## Dokumente einer katholischen Schule als geheime Verschlusssache: St. Gilbert's Approved School in Worcestershire

Mit dreizehn Jahren wurde ich auf die St. Gilbert's Approved School in Worcestershire geschickt. Die Schule wurde von den heute weltberüchtigten De La Salle Brüdern Kinderschändern geleitet, die auch als christliche Brüder oder als katholische Gemeinschaft bekannt sind.

Mein erster Eindruck von St. Gilbert's war, dass es in Ordnung war. Die anderen Jungen dort wirkten freundlich. Zuerst habe ich hauptsächlich Zimmermannsarbeiten ausgeführt und Teile der Schule repariert. Es gab keine anderen Unterrichtsfächer als Holzarbeiten. Von uns allen wurde einfach nur erwartet, dass wir das Gebäude der Schule instand halten.

Sie waren als Bauernhof autark, hielten ihr eigenes Vieh und einige der 150 Jungen sollten auch überall im Betrieb des Hofes mithelfen.

Jahrzehntelang, genauer gesagt dreißig Jahre lang, gab es eine Kampagne, um die Wahrheit über den sadistischen Missbrauch und die Vergewaltigungen aufzudecken, die die Brüder ungehindert begehen konnten, ohne zur Rechenschaft gezogen zu werden.

Eltern, die sich beschwert hatten, wurden ignoriert. Jungen, die sich in ihrer Verzweiflung sogar an die Polizei gewandt hatten, wurden ebenfalls ignoriert und es wurde ihnen nicht geglaubt und daher wurden lange Zeit keine Ermittlungen eingeleitet.

Die De La Salle Brüder demütigten und erniedrigten die Jungen durch alle Arten von Misshandlungen, einschließlich der Zwangsernährung mit ihrem eigenen Erbrochenen. Andere wurden auf viele unsägliche Weisen vergewaltigt und missbraucht, andere wurden geschlagen, bis sie am ganzen Körper schwarz und blau waren.

Da die Jungen als "delinquent" angesehen wurden, sahen die Brüder De La Salle ihre Einstufung als Freibrief an, die Jungen nach Belieben zu foltern. Sie waren normalerweise zwischen 11 und 15 Jahre jung und wurden oft nur wegen geringfügigen Diebstahls oder Vandalismus dorthin geschickt.

Die Brüder De La Salle wurden dafür bezahlt, dass sie den Jungen eine gute Ausbildung ermöglichten und sie zurechtrücken, indem sie ihnen Regeln beibrachten. Aber was die Jungen in Wirklichkeit erlebten, war Gewalt und Sadismus, Folter und Missbrauch in jeder Form.

Die Polizei und sogar das Innenministerium schützten die christlichen Brüder, als sich die Eltern offiziell beschwerten. Erst Jahrzehnte später, seit 2014, leitete die Polizei von West Mercia eine Untersuchung des historischen Kindesmissbrauchs in St. Gilbert ein. Bis heute streiten die DLS jedes Verbrechen ab und entziehen sich ihrer Verantwortung.

Einige der De La Salle-Brüder wurden auch offiziell wegen Vergewaltigung und anderen Kindesmissbrauchs angeklagt, andere wurden allerdings sogar wieder als Lehrer zugelassen, nachdem sie ihre Strafen verbüßt hatten.

Einige Dokumente sind jedoch noch bis 2044 versiegelt. Dies könnte mit der geheimen Beteiligung der christlichen Brüder an illegalen und geheimen Experimenten an den Jungen zusammenhängen, die häufig von katholischen und anglikanischen Orden durchgeführt wurden, die somit auch unter den Schutz und der Immunität operierten von Geheimdiensten, dem Militär und dem Vatikan oder der anglikanischen Kirche fielen.

Für mich persönlich war der Missbrauch in St. Gilbert's nicht ganz so schlimm wie in Croome Court, da ich bereits alle Anzeichen von Gefahr in den Anfängen erkannte und mich sofort zurückzog, sobald ich eine Gefahr witterte - einmal begann ein gewisser Bruder Dominic, sich mir sexuell zu nähern, und ich wehrte mich, da meine inneren Alarmglocken Sturm läuteten.

Ich kam eines Abends von einem Tischtennisspiel zurück, da ich in der Mannschaft war, und ging zum Holzbearbeitungshof, um eine Schnitzarbeit zu beenden. Ich ging nachts um 21 oder 22 Uhr in die Küche am Hof, während die meisten anderen Jungen bereits im Schlafsaal waren.

Ich war auf der Suche nach Essen, da dort manchmal Essen offen herumlag. Ich fand Zwiebeln, Kohl und anderes Gemüse, und ich aß etwas davon und ging dann zurück zum Schlafsaal. Als ich nach oben ging, rief mich Bruder Dominic aus seinem Büro.

Er rief mich herein und fing an, mich anzuschreien und zu fragen, warum ich nicht im  Bett sei. Dann fing er an, meinen Arm auf offensichtlich sexuelle Weise zu berühren  und mich am ganzen Körper zu streicheln. Ich wusste sofort, was los war und erkannte, dass er mich verführen wollte.

Dann wandte er sich plötzlich wütend gegen mich, als ich ihn weg stieß und er fing an mich anzuschreien und schlug mich so hart in den Solarplexus, dass ich fast ohnmächtig wurde und nicht atmen konnte. Ich war auch als Teenager nur ein sehr kleiner Junge und Bruder Dominic war ein sehr großer Mann.

Ein anderes Mal kam Bruder Dominic in den Tischtennisraum und schlug mich zu Boden und trat wiederholt auf mich ein. Es gab keinerlei Warnung. Ich war  benommen und schwindelig und verwirrt. Die anderen Jungen sahen dies, trauten sich aber nicht, auch nur einen Laut von sich zu geben oder irgendetwas zu tun.

Ich wurde auch von Herrn Wareing und Herrn Holby bei verschiedenen Gelegenheiten schwer misshandelt. Herr Wareing zum Beispiel, der ebenfalls ein sehr großer Mann war, packte mich am Ohr und drehte damit meinen ganzen Körper gewaltsam auf den Boden.

Herr Wareing, der Sportlehrer, nannte mich einen "Idioten", als ich den Ball gegen die Wand der Turnhalle kickte und das Ziel verfehlte. In dem Spiel, das wir spielten, konnten wir nur eine gerade Zahl erzielen, und ich hatte eine ungerade Zahl gesagt.

Er beschimpfte mich dann und rieb seine Füße an meinem Gesicht auf dem Boden wie an einer Fussmatte, als ich mich wehrte. Er hat mich oft im Fitnessstudio verprügelt. Er schlug mich k.o. auf den Boden und trat dann vor den anderen Jungen wiederholt auf mich ein. Er tat dies häufig und war wegen seiner "Spezialität" in der ganzen Schule gefürchtet.

Nach all den Jahren kam ich zu dem Schluss, dass Missbrauch eine normale Lebensweise und Teil der Erziehung ist, da ich es nicht anders kannte.

Bei einer anderen Gelegenheit sah ich Mr. Wareing, als er mich im Speisesaal anstarrte. Als ich aufstand, um den Speisesaal zu verlassen, rief er mich zu sich. Ich ging zu seinem Tisch und er schlug mich dann vor allen anderen, und sagte mir, dass ich anfangen solle, 'richtig zu essen'! Ich hatte keine Ahnung, was er damit meinte oder was ich falsch gemacht hatte, aber es schien, als hätte er es einfach auf mich abgesehen.

Der Mann, der für den Schuhladen verantwortlich war, rief uns Jungen auch oft zu sich und benutzte dann sein Knie, um uns ein "totes Bein" auf unsere Oberschenkel zu geben. Ich hatte fast immer einen blauen Fleck davon an meinem rechten Oberschenkel.

Mr. Holby, dessen Spitzname "Piggy" war, rief regelmäßig Jungs zu sich, und dann packte er uns an den Ohren und drehte uns damit auf den Boden, und beschimpfte mich und rieb seine Füße auch in unsere

Gesichter. Dafür war er in der ganzen Schule bekannt und gefürchtet.

Damals fing ich an, mich selbst zu verletzen, indem ich mir mit Glasscherben in die Arme schnitt. Ich glaube nicht, dass irgendjemand davon wusste oder sich überhaupt darum kümmerte, dass ich es tat. Ich habe noch Narben von damals an meinen Armen.

Infolge all dieser Misshandlungen ging ich oft in die Holzwerkstatt und steckte meinen Kopf in eine Dose Leim. Herr Selby war sich bewusst, dass ich Klebstoff schnüffelte, und versuchte mich zu überzeugen, es nicht zu tun, weil es schlecht für mich wäre.

Er war dort einer der besseren Lehrer, aber das hat mich nicht davon abgehalten. Etwa ein Jahr lang habe ich gelegentlich in der Holzwerkstatt Leim geschnüffelt, nur um zu versuchen, dem Schmerz zu entfliehen und mit all der Angst und Gewalt fertig zu werden.

Im September 2018 standen zwei der Christian Brothers-Mönche wegen mehrfacher Anklagen wegen körperlichen und sexuellen Missbrauchs in St. Gilbert vor Gericht. Ich glaube, einer hieß Bruder Wilfred, aber ich kann mich aus meiner Zeit dort nicht mehr an ihn erinnern.

Der Missbrauch hat bei mir ein komplexes Trauma hinterlassen, das einen großen Einfluss auf mein Leben hatte und hat – körperlich, geistig, psychisch und emotional, und es betrifft auch meine Familie. Wie ich schon sagte, habe ich meinen Kindern erst vor zehn Jahren von meiner Kindesmisshandlung erzählt.

Bis dahin trug ich alles in mir, ohne einer einzigen Seele etwas anzuvertrauen. Unnötig zu erwähnen, dass der Missbrauch auch Ihr Vertrauen in Menschen beeinträchtigt, da das gebrochene Vertrauen von Erwachsenen Sie lebenslänglich begleitet.

Es ist wichtig, mit anderen zu teilen und das Böse aufzudecken, das uns Betroffenen zugestoßen ist, da sich weltweit sehr häufig immer dieselben Muster abzeichnen und Lektionen daraus gelernt werden müssen.

Es ist auch wichtig, sich daran zu erinnern, dass ich aus keinem anderen Grund missbraucht und in missbräuchliche Internate und Institutionen geschickt wurde, als dass ich ein Junge aus einer multikulturellen, mehrsprachigen und armen Familie war. Ich war in der Tat ein aufgeweckter und neugieriger Junge und ein schneller Lerner, der in England zufällig mit einem starken lokalen Glasgower Akzent sprach.

Ich wurde um sechs lebenswichtige und formative Jahre meiner Kindheit gebracht. Die Sozialarbeiter, Nonnen, Priester, Lehrer, die mich für diese Institutionen auswählten, taten dies aufgrund meiner Qualitäten, die sie als das Gegenteil kodierten – als "zurückgeblieben", "unterfordert", "benachteiligt".

Denken Sie daran, es war die Zeit des Kalten Krieges, und der Vatikan und die anglikanische Kirche wurden von westlichen Regierungen sehr stark als Talentsucher und Soldatenmaterial für mögliche Kriege eingesetzt und somit waren die Kirchen die idealen Lieferanten für Jungen mit mehrsprachigen Fähigkeiten, multikultureller Herkunft und einer gehörigen Portion Neugierde, die zufällig aus ärmlichen Verhältnissen stammten, sodass sie leicht von ihren Eltern isoliert werden konnten.

Dies ist wahrscheinlich einer der Gründe, warum Dokumente nicht nur zu St. Gilbert, sondern auch zu anderen Institutionen, in denen ich organisiertem Missbrach, Folter, illegalen Experimenten und Drogentests ausgesetzt war, noch bis 2044 unter Verschluss sind und warum die IICSA ihre Ermittlungen einschränkte und genau diese Institutionen weitestgehend ausgelassen hat.

Nachdem ich St. Gilbert's verlassen hatte, ging ich zur Bishop Ullathorne School. Mein Vater war gerade gestorben, und so bewertete der Sozialdienst die Situation neu und entschied, dass es für mich in Ordnung sei, nach Hause zu meiner Mutter und meinen Geschwistern zurückzukehren.

Ich besuchte die Bishop Ullathorne School etwa vier oder fünf Monate lang, bis ich 16 wurde. Es war eine Gesamtschule, und es war die Schule meiner Wahl, auf die ich hätte geschickt werden sollen, als ich die St. Ann's Primary School verließ.

Es war eine tolle Zeit dort, da ich mich gut eingefügt habe. Leider bin ich zu den Prüfungen zu spät gekommen und konnte sie daher nicht ablegen. Als ich die Bishop Ullathon School verließ, hatte ich daher überhaupt keine formalen Qualifikationen.

Mein erster Job nach der Schule war in Coventry Collier. Um Bergmann zu werden, musste ich eine Reihe von schriftlichen Prüfungen in Sachen Gesundheit und Sicherheit bestehen. Ich habe alle Aufnahmeprüfungen ohne Probleme bestanden, und das hätte ich kaum geschafft, wenn ich wirklich zurückgeblieben wäre, wie die sogenannten Experten behauptet hatten.

Das Sozialamt hat mich während meiner gesamten Kindheit - und zahlreiche andere Kinder - schwer im Stich gelassen. Ich habe diese Berufsprüfungen mit Leichtigkeit bestanden, während viele andere sie nicht bestanden haben.

# Kapitel 9:

## Die leeren Entschuldigungen ohne Folgen - Wir stellen vor: Die Liga der vatikanischen Berufslügner

Zu der Zeit, als ich von zwei hochrangigen Kirchengesandten der römisch-katholischen Kirche kontaktiert und später besucht wurde, um meinen Fall anzuhören, Erzbischof Bernard Longley von der Erzdiözese Birmingham und der päpstliche Nuntius aus dem Vatikan, Erzbischof Claudio Gugerotti, hoffte ich noch auf Gerechtigkeit durch die Kirche.

Ich begrüßte die Gelegenheit, gehört zu werden und Brücken zu bauen, wenn sie auch wacklig waren. Wie naiv war ich zu glauben, dass die römisch-katholische Kirche wirklich daran interessiert war, den Überlebenden Gerechtigkeit zu bringen, und dass sie wirklich bereuten, wie sie es hätten tun sollen! Schließlich ist es das, was sie der Öffentlichkeit sagen.

Erzbischof Bernard Longley bestand darauf, mich in meinem Haus auf eine Tasse Kaffee zu besuchen. Am Ende nutzte er den Besuch nur als PR-Gag und als Gelegenheit, mich zu bevormunden und mir nur sein Gebet anzubieten. Er war überhaupt nicht demütig und sein Vorgänger, Kardinal Nichols, bemühte sich nicht einmal um eine Versöhnung mit den Überlebenden, geschweige denn, Reue zu zeigen.

Im Gegenteil, Kardinal Nichols nutzt jede Gelegenheit, um sich mit lahmen Ausreden aus jeglicher Verantwortung zu befreien, indem er sagt, das riesige System religiöser Orden und Institutionen mache es einem Kardinal unmöglich, eine dauerhafte präventive Schutzregelung zu überwachen und durchzusetzen.

Bei der IICSA-Untersuchung schickte er eine Krankschreibung, in der er Migräne zitierte, und tauchte nicht einmal auf. Er und der Erzbischof von Canterbury, Justin Welby, haben versprochen, in ihrem ONE CHURCH-Abkommen eine Schutzpolitik durchzusetzen, die eine totale Farce ist, da sie lediglich die alten Drahtzieher von Kinderhandel und Kindesmissbrauch und anderer organisierter Kirchenkriminalität neu gruppiert haben in ihrer eigenen Hochfinanzgesellschaft über Church House in Westminster und sie strategisch in CoE- und RKK-Gemeinden in Positionen als Kirchenvorsteher, Gemeindevorstand-Mitglieder, Sonntagsschullehrer, Sicherheitsbeauftragte, Datenbeauftragte, Rechts- und Finanzberater usw. plazierten.

Alle geheuchelten Entschuldigungen von hochrangigen Kirchenführern, von Päpsten bis zu Bischöfen, laufen auf nichts anderes als Hohn auf die Überlebenden hinaus und haben keine Konsequenzen, außer der Wirkung auf die Überlebenden, die wissen, dass sie den Kirchen überhaupt nicht mehr vertrauen können.

In der Nacht vor dem Besuch des Erzbischofs von Birmingham stand mein damaliger Anwalt, der sich später auch als Doppelagent entpuppte, als er versuchte, mich zur Unterzeichnung einer Geheimhaltungsvereinbarung zu überreden, vor meiner Tür. Er bat meine Tochter, ihn später in seinem Hotel zu treffen, um ihm Dokumente zu bringen, von denen er behauptete, er müsse sie sehen, nur um sie zu beeinflussen.

Ich war empört und erzählte dies einem anderen Anwalt, der sagte, dass er nichts tun oder sagen würde, um einen Kollegen zu diskreditieren.

Als mich Erzbischof Bernard Longley am 30. Juli 2019 in meinem bescheidenen Zuhause besuchte, musste ich mir zwei Stühle ausleihen, damit er und sein Kollege Platz zum Sitzen hatten, da mein Wohnzimmer von meinem Krankenhausbett eingenommen wurde. Ich bin schon seit längerer Zeit sehr krank und kann nicht mehr laufen.

Wir hatten ein sehr langes Treffen mit dem Erzbischof. Er hörte sich hauptsächlich meine Geschichte und meine Erfahrungen und Vorschläge an, welche Lehren aus diesem Prozess der Suche nach Gerechtigkeit gezogen werden können.

Erzbischof Longley akzeptierte meinen Bericht über die Ereignisse und sagte mir, dass er ein tiefes Gefühl der Scham empfinde. Er sagte mir, er wolle sich im Namen der gesamten katholischen Kirche bei mir entschuldigen. Wieder vertraute ich den leeren Worten einer Person mit kirchlicher Autorität, die später nie Taten folgen ließ.

Ich wurde wieder einmal nur mit einem weiteren PR-Stunt und einem anderen Instrument zum Schweigen gebracht – diesmal mit einem persönlichen Besuch. Ich kann mir nur vorstellen, dass die Erzdiözese bereits so sehr von der Öffentlichkeit angegriffen wurde, dass der Erzbischof zumindest daran interessiert sein musste, das Problem des historischen Missbrauchs aufzuklären.

Meine öffentliche Aufdeckung des Missbrauchs in ihren verschiedenen Institutionen und meine Absicht, die katholische Kirche vor Gericht zu bringen, war genug, um den Erzbischof zu alarmieren, um zu versuchen, mich durch Schmeichelei und auf zivilisierte Weise zum Schweigen zu bringen, indem er seine Reue vortäuschte.

Der Bericht des Instituts für Kriminologie und Justiz in London von Countess Sigrid von Galen zeigte, dass der Einsatz von als Doppelagenten agierenden Anwälten vor einem Besuch einer hochrangigen Persönlichkeit der Kirche eine durchaus gängige Strategie ist, um zu versuchen, den Überlebenden zu beeindrucken oder gar einzustimmen, wie wichtig das Treffen ist. damit sie eher geneigt wären, das NDA (die Schweigevereinbarung) zu unterzeichnen.

Die Anwälte versuchten dann heimlich, so viel Material und so viele informelle Aussagen von den Überlebenden und ihren Familien zu sammeln, um sie gegen sie zu verwenden und alle beteiligten Zeugen zu diskreditieren, sogar die weitere oder schon verstorbenen Familienmmitglieder.

**Wenn sie im Namen ihres geheimen Kunden, der Kirche, nichts finden konnten, erfanden sie einfach Lügen und gaben sie an ihren Zahlmeister weiter.**

ARCHDIOCESE     OF BIRMINGHAM

Telephone: (0121) 236 9090
Fax:       (0121) 212 0171
E-Mail: archbishop@rc-birmingham.org

ARCHBISHOP'S HOUSE
8 SHADWELL STREET
BIRMINGHAM
B4 6EY

Mr Rafael Viola
136 College Street
Hill Top
Nuneaton
Warwickshire
CV10 7BJ

3 August 2019

Dear Mr Viola

I am very grateful to you for so kindly welcoming me to your home in Nuneaton when I came to visit you with Mr Andrew Haley on 30 July 2019. Please thank your daughter for thoughtfully providing us with a cup of coffee together and for supporting you in preparation for the visit.

I was very interested to learn about your family's connections with some of the local Catholic schools and to have an insight into your own early experiences growing up in a Catholic family. I also wish to thank you for sharing with me so many other elements of your life story and for showing me how the terrible experiences of your childhood have had a lasting and negative impact on your life.

I apologise unreservedly to you, on behalf of the Archdiocese of Birmingham, for the harm done to you at Croome Court School. I realise from our conversation the great burden that this has been to you over the years, as well as to those who are close to you, and I also apologise to you for this. I recognise with profound regret the failure to provide you with support and compensation at an earlier date.

I want to assure you that I am actively pursuing a way for the trustees of the Archdiocese to meet your claim for compensation without reference to the legal limitation that previously prevented claimants from receiving compensation from the Church. I hope to be able to give you further news about this before very long.

1/continued

Mr Rafael Viola

3 August 2019                                                      2/continuation

---

I have recently had individual meetings with other survivors of abuse at Croome Court School so that I could also apologise to them and seek to redress the harm caused to them.  This includes actively exploring the possibility of offering compensation to them.

I hope that this helps to show that the Archdiocese wishes to change its approach to survivors of abuse, and to show them the compassion and understanding that they deserve.  Listening to you has helped me understand better what we need to do and I am very grateful to you for teaching me this important lesson.

Andrew Haley and I promised that we would look into some practical ways of assisting you, in particular in relation to your healthcare needs and in applying for statutory benefits.  We will give this issue some further thought before contacting you again.

May I finally ask you to forgive me and the Catholic Church for the harm that was done to you under the cloak of religion?  I know that I have no right to expect such forgiveness, but I feel that you have had the right to be asked this for a long time and I am sorry that it is only now that I do so.  I hope that this letter may go some way towards healing the abiding harm that you have suffered over so many years.

Once again, I thank you for meeting with us at your home in Nuneaton.  I promise to remember you, together with your family, in my prayers.

With every kind wish.

Yours sincerely in Christ

✠Bernard Longley
<u>Archbishop of Birmingham</u>

Cc:    Andrew Haley (Diocesan Head of Safeguarding Transformation)
       David Brooks (Diocesan Chief Operating Officer)

29/10/2015

Archbishop's House
Birmingham

To Mr. Rafael Viola

May Our Lord Jesus Christ
go before you to guide you,
behind you to guard you,
above you to defend you,
beside you to support you,
within you to strengthen you.
May the prayers of His Mother
lighten your burden and guide
your footsteps in the way of peace.

+ Bernard Longley
Archbishop of Birmingham

Mary, Mother of God *(tapestry – Turvey)*

*Rafael Viola mit Archbishop Bernard Longley - 'Ein Judas Priester lud sich zum Kaffee ein', © Rafael Viola*

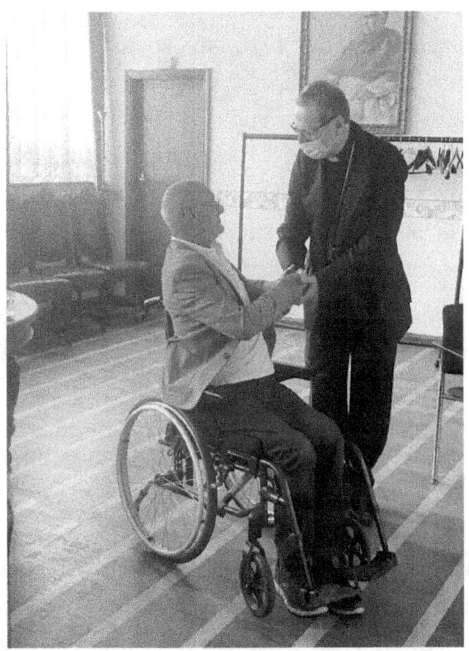

*Rafael Viola mit dem Papal Nuncio, Claudio Gugerotti - 'Noch ein Judas Priester mit leeren Versprechungen und falscher Bescheidenheit und Arroganz im Gepäck'*
© Rafael Viola

# Kapitel 10:

## Prüfungen und Wirrungen

Es ist interessant, wie das Gedächtnis funktioniert. Über den Verlust von Erinnerungen nach einem Trauma ist viel geforscht und geschrieben worden. Oder wie Betroffene oft Jahrzehnte brauchen, um sich überhaupt an ein traumatisches Ereignis wieder zu erinnern oder bis eine Erinnerung ohne Vorwarnung plötzlich wieder hochkommt.

Wenn es passiert, kommt es vielleicht überraschend leise, aber oft passiert es auch unerwartet wie ein Blitz. Es kann mit einem Traum beginnen oder mit einem Bild, das im Kopf auftaucht. Es trifft dich mit seiner ganzen Wucht. Es könnte sogar eine Welle oder eine völlig entfesselte Flut von Erinnerungen geben, die sich aus dem Unterbewusstsein ihre Bahnen in das Bewusstsein schaffen.

Es passiert wahrscheinlich, wenn wir endlich dazu bereit sind, uns zu erinnern, und bereits Mechanismen entwickelt haben, um damit umzugehen. Warum sonst würde es so oft passieren, wenn wir den Prozess begonnen haben, zu den Wurzeln unseres Traumas zurückzukehren, um Gerechtigkeit und die Anerkennung der Wahrheit zu suchen - dass der Wunsch nach Antworten und nach dem Auflösen des Traumas so stark ist, dass wir plötzlich die Ereignisse scharf und klar, wie sie wirklich geschahen, vor unserem inneren Auge sehen können.

Aus meiner Erfahrung haben viele Überlebende nicht einmal Zugang zu einer Therapie oder sind zu skeptisch und misstrauisch gegenüber den verschiedenen Angeboten, die ich zum Beispiel von verschiedenen katholischen Doppelagenten Organisationen erhalten habe, die uns meistens über die Mediatoren der Diözesen vorgeschlagen werden.

Herauszufinden, wem man in diesem Labyrinth der kirchlichen Verschleierungstaktiken und Hamsterrad-Systeme überhaupt vertrauen kann, ist eine Überlebenskunst für sich! Die Kirchen wollen möglichst viel Zeit gewinnen und die Verfolgung durch die weltliche Gerichtsbarkeit verhindern.

Sie halten die Opfer solange hin, bis alle anderen Mittel ausgereizt sind und die Bischöfe keine Haftung mehr leugnen können, und hoffen dann noch, dass die Betroffenen des historischen Missbrauchs sterben, bevor die Verjährungsfristen, falls vorhanden, ablaufen.

Es ist eine zynische und unehrliche Art der vorgetäuschten Versöhnung, die uns Betroffene auf endlose Runden im Teufelskreise herumschickt und jedes Mal unsere Hoffnung auf Gerechtigkeit weckt, wenn der nächsthöhere Kirchenfunktionär sich zu einem PR-Treffen mit einem Überlebenden einlädt.

In meinem Fall muss der Vatikan große Sorge gehabt haben, dass ich vor Gericht gehen würde, was sie natürlich vermeiden wollten, da ich in mehr als vier ihrer berüchtigtsten Institutionen missbraucht wurde und noch nicht alle Verjährungsfristen abgelaufen waren.

Der Erzbischof von Birmingham, Bernard Longley, und sogar der päpstliche Nuntius, Claudio Gugerotti, baten mich, mich persönlich zu treffen, um ihre PR-Stunts abzuziehen und zu versuchen, den Imageschaden zu begrenzen.

 Ich kann nicht glauben, dass ich überhaupt auf ihre Heucheleien und falsche Frömmigkeit hereingefallen bin und dass sie immer noch nicht mehr zu bieten hatten als ein Gebet und einen halbherzigen unverbindlichen Händedruck.

Es war auch kein Zufall, dass sie die Anwälte der Betroffenen vor dem hohen Besuch benutzten, um ein NDA anzubieten und zu versuchen, die Überlebenden mit allen ihnen zur Verfügung stehenden Mitteln, einschließlich Taktiken im Omerta-Stil, zu diskreditieren.

Zu oft wurde unser Vertrauen missbraucht und persönliche Daten und Erfahrungen gezielt und strategisch gegen uns verwendet, wie es auch bei sogenannten Sachverständigen wie Psychiatern der Fall war, die von den Kirchen beauftragt wurden, ihr "Gutachten" über uns abzugeben.

In meinem Fall hat der betreffende Psychiater nach nur einem kurzen Treffen, auf das ich Monate gewartet hatte, meine gesamte Geschichte und die meiner Familie völlig falsch bewertet und sich total verschätzt. So sehr, dass ich einen Anwalt auf jede einzelne Falschdarstellung des Professors in seinen Aussagen Einspruch erheben liess.

Er handelte eindeutig im Auftrag des Vatikans und wandte Nazi-Methodik und -Vokabular an, was nicht nur mich, sondern auch meine ganze Familie retraumatisierte.

Er und die Armee von Experten sind Teil eines sehr dunklen und finsteren Machtapparates innerhalb des Vatikans, der bereits während und nach dem Zweiten Weltkrieg zu beobachten war, als die katholische Kirche mit ehemaligen Nazi-Wissenschaftlern und Ärzten zusammenarbeitete, die noch aufdringlichere und unbeaufsichtigte Tests an Menschen, einschließlich an uns Kindern, entwickelt hatten, in verschiedenen Regierungsprojekten und internationalen sowie nationalen Geheimdiensten, wie den CIA-Experimenten von Sydney Gottlieb und anderen.

Gottlieb und seine Kohorten hatten eine weltweite Lizenz zum Töten und dafür, ihre Leichen buchstäblich in Massengräbern zu entsorgen, ohne jemals für Folter und Verbrechen gegen die Menschlichkeit verantwortlich gemacht zu werden, da ihnen alle westlichen Regierungen, einschließlich des Vereinigten Königreichs, einen Freibrief erteilten.

Wie wir heute wissen, hatte der Vatikan seine eigenen ebenso radikalen und unethischen illegalen Menschenversuchs-Programme, für die auch die scheinbar unabhängigen religiösen Orden bezahlt wurden.

Kein Wunder also, dass die Institutionen, in denen ich untergebracht war und in deren Folter und Missbrauch ich überlebt habe, bei der IICSA-Untersuchung nicht berücksichtigt wurden, da viele Akten unter größter Geheimhaltungsstufe stehen und mit ihren klassifizierten Kategorien bis etwa 2044 nicht öffentlich zugänglich sind.

69

# Kapitel 11:

## IICSA

Als die IICSA ihre Untersuchung begann und uns Überlebenden einlud, an den Sitzungen teilzunehmen, um angehört zu werden, glaubte ich, dass dies der Beginn einer positiven Entwicklung im Umgang mit historischen Kindesmissbrauchsvorwürfe war! Wie falsch ich lag!

Stellen Sie sich vor:

Am Abend vor Beginn der IICSA kommen Sie voller Hoffnung und Vorfreude im Hotel an. Dort traf ich mich mit vier anderen Überlebenden des Croome Court, die ebenfalls da waren, um ihre Aussage zu machen, und wir teilten sogar dieselben Anwälte.

Ich konnte in ihren Gesichtern sehen, dass es eine neue Entwicklung gab - einer der Zeugen, der von einem anderen Anwalt als dem unseren vertreten wurde, hatte eine Bombe für uns:

Jane Jones, die langjährige Sozialarbeiterin und Schutzbeauftragte der Erzdiözese Birmingham, die am nächsten Tag vor der IICSA aussagen sollte, hatte gerade einfach ihren Rücktritt angekündigt, für alle Betroffenen eine Katastrophe.

Diese Nachricht traf uns völlig unerwartet, und wir setzten uns sofort zusammen, um zu besprechen, wie es ohne sie weitergehen soll. Die Erzdiözese Birmingham war tatsächlich die einzige, die sich weigerte, Täter an die Catholic Safeguarding Organization weiterzumelden, aber Jane Jones behauptete, dass sie die Namen von Tätern immer an die Behörden und die Polizei zur Untersuchung weitergab.

Jane Jones erschien dann zwar zu ihrer Aussage, aber sie hatte plötzlich erhebliche Gedächtnislücken und konnte sich angeblich nicht einmal mehr an ihren eigenen Namen erinnern! Es roch nach einem taktischen Sabotageakt der Erzdiözese Birmingham, weil sie ihren Rücktritt offensichtlich zum Vorteil für die Erzdiözese am Freitag zeitlich günstig festgelegt hatte, bevor die Untersuchung am Montag begann.

Die IICSA kam später zu dem Schluss, dass Jane Jones "das Schutzteam nicht modernisiert und ihre zahlreichen Pflichten nicht erfüllt und ihre Aufgaben nicht effektiv wahrgenommen hat." Die Wohltätigkeitskommission kündigte 2019 an, dass sie eine gesetzliche Untersuchung der Erzdiözese Birmingham einleiten würde, da sie Diskrepanzen zwischen den Prüfungen der Erzdiözese und denen von CSAS in deren Unterlagen fand.

Rücktritte sind eine häufig benutzte Taktik der Kirchen, um Prozesse und Untersuchungen zu verhindern. Auch die zeitnahe Auflösung von Vereinen und Wohltätigkeitsorganisationen und Beratungsstellen ist ein weltweit zu beobachtendes Phänomen der kirchlichen Strategie.

Die Betroffenen und die Justiz werden so in die Irre geführt und alle Mühlen der Gerechtigkeit müssen wieder auf eine neue Scheinorganisation und Pseudo-Anlaufstelle geeicht werden. Der ideale Weg der Kirchen, Dokumente und Beweismaterial verschwinden zu lassen.

Im Fall der Erzdiözese Birmingham wurden Aufzeichnungen eh nicht ordnungsgemäß durchgeführt, die Probleme wurden bis dahin nicht wirklich angegangen und die Antworten waren mehr als unzureichend.

Rafael Viola beschreibt den Beginn der Untersuchungssitzung der IICSA so:

Wir betraten als Gruppe den Gerichtssaal und sogen die Atmosphäre auf:

Die Menschenmassen versammeln sich auf der Besuchertribüne des Gerichtssaals. Einige von ihnen waren Betroffene, die fast ihr ganzes Leben lang auf diesen Moment gewartet hatten.

Wir waren alle voller Hoffnung und in Erwartung eines stillen Sieges und Triumphes der Gerechtigkeit durch das endgültige Urteil der Jury. Jeder hoffte, dass die Zeit der Traumata und Retraumatisierungen, der endlosen Sorgen, Ängste, und auch der unsäglichen Schmerzen, die wir physisch und psychisch ertragen mussten, endlich vorbei sein würde und dass uns die Felsbrocken von unseren Schultern fallen.

Viele haben mehr durchmachen müssen, als ein Mensch jemals ertragen sollte – nicht nur den anfänglichen Missbrauch und das Trauma, sondern auch die Folgen, unter denen sie ihr ganzes Leben lang litten.

Sie verloren ihre Arbeit, ihre Existenz, ihre Familien und Freunde, wenn sie sich zu Wort meldeten oder ihr Leiden nicht mehr stillschweigend ertragen konnten.

Einige fielen in die Abgründe des künstlichen Trosts durch Alkohol oder Drogen, nur um zu erfahren, dass sie damit in eine immer tiefere und dunklere Spirale des Missbrauchs hineingezogen wurden.

Viele denken auch und besonders an diejenigen, die es bis heute nicht geschafft haben und der Verzweiflung und dem Druck oder der Krankheit erlegen sind, aber es gibt auch diejenigen, die ihr Leben völlig herumgedreht haben und aus all den Kämpfen neue Kraft schöpfen und sich weigerten, sich von den Kirchen erneut zum Schweigen bringen zu lassen, die sie immer wieder auf so schreckliche Weise missbraucht haben.

Umso reicher sind wir nun an Erfahrungen und Freundschaften, die wir auf diesem Weg auf der Suche nach Gerechtigkeit und Wahrheit geschlossen haben.

Und wir geben unser Wissen und unsere Erinnerungen weiter, um anderen zu helfen. All diese Emotionen und Erinnerungen sind leise, aber man kann die lauten Herzschläge hören, die die Atmosphäre des Gerichtssaals erfüllen.

Dann gibt es natürlich auch immer diejenigen, die zu solchen Veranstaltungen nur aus Neugier und Sensationslust kommen; andere vielleicht sogar ein bisschen beschämt, dass sie sich nicht zu Wort gemeldet haben, obwohl sie es hätten tun sollen, und sogar an den Überlebenden zweifelten und sie bis zum heutigen Tag mit Leugnung bekämpfen.

Diese Claqueure der Kirchen sitzen jetzt plötzlich mit gesenktem Kopf da und blicken in Erwartung des bevorstehenden Gerichts in neuer Demut auf die Überlebenden. Sie wissen, dass es auch ein Urteil über ihr Verhalten und ihre mangelnde Bereitschaft sein wird, denn sie verweigerten den Opfern ihre Hilfe und Unterstützung, die sie so dringend gebraucht hätten.

Ein beengter Raum voller Geistlicher, Kardinäle und Erzbischöfe in ihren Soutanen und zeremoniellen Gewändern mit ihrer Armee von Anwälten in maßgeschneiderten Anzügen aus der Savile Row auf der einen Seite, die miteinander plauderten, sich umarmten und küssten, die neuesten Nachrichten und Klatsch austauschten und ihre Strategien, die Opfer einzuschüchtern und möglichst nicht zu Worte kommen zu lassen.

Auf der anderen Seite, aber im selben Raum, saßen wir Überlebenden. Die Kirchenvertreter haben uns komplett ausgeblendet und uns damit buchstäblich und psychologisch auf "unseren Platz" verwiesen. Sie warfen uns mit äußerster Arroganz und Verachtung den strategisch bösen Blick zu, um uns erst einmal kollektiv zu fixieren und zu lähmen.

Ansonsten haben sie uns total ignoriert. Keiner der Kirchen-Funktionäre kam zu uns und hatte ein freundliches Wort, eine Entschuldigung oder zumindest ein aufmunterndes Lächeln für uns.

Im Untersuchungsraum saß ich unter mehr als 30 Mitgliedern des katholischen Klerus, von Bischöfen über Nonnen bis hin zu Monseigneurs, was für mich bereits emotional sehr belastend war.

Jane Jones konnte sich an "nichts" erinnern. Am nächsten Tag sollte Kardinal Nichols, der frühere Erzbischof von Birmingham und derzeitige Kardinal in der Westminster Cathedral, erscheinen, aber derselbe Mitstreiter, der uns vom Rücktritt von Jane Jones erzählt hatte, teilte uns jetzt mit, dass Nichols eine mysteriöse Erklärung abgegeben hatte und zwölf Stunden vor seinem Erscheinen eine Krankschreibung eingereicht mit dem Vermerk "Migräne".

Die einzige Person, die nicht teilgenommen hat und hätte teilnehmen sollen, war also Kardinal Nichols. Ich hörte mir die vorgelesenen Entschuldigungen und Änderungsvorschläge an vier der fünf Tage an, wobei sich meine Geduld, Erwartungen und Hoffnungen zunehmend in Frustration und Wut verwandelten über die sich als Farce entpuppenden IICSA-Sitzungen.

Ein weiterer Tag der Frustration und Enttäuschung und wachsenden Wut für uns Überlebende.

Am dritten Tag der Untersuchung wurde uns mitgeteilt, dass das Gremium Aussagen der Überlebenden verlesen habe, diese aber bei der Untersuchung aus Zeitgründen nicht vollständig weiterverlesen werden könne.

Jahrelang hatten ich und meine Mitstreiter unsere Aussagen vorbereitet, unzählige Gespräche geführt, Versammlungen abgehalten und rechtsverbindliche Aussagen gemacht.

Mir wurde ursprünglich zugesichert, dass meine Erklärung vollständig verlesen würde. Stattdessen wurde sie auf eine kurze 2-minütige Zusammenfassung reduziert, die nicht einmal die Grundlagen abdeckte. Das hat nicht nur mich wütend gemacht.

Wir wurden alle unter dem Vorwand eingeladen, dass es für unsere Heilung von Vorteil wäre und dass unsere Stimmen in der Untersuchung gehört würden. Jetzt wurden wir wieder zum Schweigen gebracht.

Um mich zu beruhigen, stimmten sie zu, dass sie meine Geschichte der Öffentlichkeit vorlesen würden. Am vierten Tag taten sie dies, aber es war ein trauriger und demütigender Witz, diese Kurzzusammenfassung, die nur 2 Minuten dauerte. Der Erzbischof von Birmingham, Bernard Longley, saß auf der Anklagebank und wartete unbewegt darauf, vereidigt zu werden, während ich meine zweiminütige Erklärung vorlas.

Plötzlich wurde mir gesagt, ich solle aufhören und ich protestierte, da ich gerade erst angefangen hatte. Mein Anwalt empfahl mir, ich solle schweigen, aber ich war so wütend, dass er nicht für mich einsprang, und ich nannte die IICSA unter Protest eine Farce und einen schlechten Witz.

Ich schrie meinen Anwalt angewidert an und während mein Bruder mich aus dem Gerichtssaal rollte, war ich immer noch schockiert über ihre Arroganz und diese Art von Willkür, mich und andere Überlebende so mit Verachtung und Disrespekt zu behandeln.

Einmal protestierte ich auf meinem Weg nach draußen zu Professor Jay persönlich – nachdem ich von ihr völlig ignoriert worden war – und zum Gremium darüber, wie ekelhaft es sei, als IICSA Ambassador und als Überlebender so zum Schweigen gebracht und um die Aussage betrogen zu werden, und dass sich die Untersuchung bereits als korrupte Farce entpuppte.

Ich verließ das Gebäude und protestierte vor Wut. Die Behandlung durch die IICSA hat mich extrem hart getroffen und mich erneut traumatisiert, was am selben Abend zu einem Nervenzusammenbruch und einem Angina-Anfall geführt hat und ich wurde über Nacht ins St. Thomas Hospital eingeliefert.

Nicht eine einzige Person aus der IICSA zeigte mir oder anderen Überlebenden Empathie, Mitgefühl oder Besorgnis, also fuhr ich am fünften Tag einfach wieder nach Hause. Ich hatte genug von der absurden Show gehört, die sie aufführten, und beschloss, nicht mehr länger als Alibi an dieser korrupten Untersuchung teilzunehmen.

Später wurde ich von verschiedenen Überlebenden kontaktiert, die auch bei den IICSA-Sitzungen anwesend waren und die mit ihren Aussagen ebenfalls ignoriert und nicht gehört wurden, wie Joanna Brittain, die gegen das Sherborne-Internat aussagen wollte.

Sie wurden alle belogen und bekamen keine Chance, ihre Geschichten zu erzählen. Es gibt zahlreiche Überlebende, die auf eigene Kosten zur IICSA gekommen sind, und wir bekamen keine Entschädigung für die Tickets und Unterkunftskosten.

Ich teilte mein eigenes Hotelzimmer mit einem Mitstreiter, der wie wir anderen schwer retraumatisiert worden war, kaufte Essen und Getränke für ihn und lud ihn auch zum Frühstück ein am nächsten Morgen. Die IICSA bezahlte Anwälten und Geistlichen ihre enormen Gebühren und Kosten, aber wir Überlebenden wurden uns selbst überlassen.

Dem Mitstreiter, den ich unter meine Fittiche genommen hatte, sagte sein Anwalt auf seine Frage, ob er ihm einen Teil der Kosten vorschiessen könne, dass seine "Kanzlei kein Reisebüro" sei! Was für eine Beleidigung und Missachtung der Menschenwürde!

Seit der Untersuchung ist niemand mehr auf mich zugekommen, und es waren an diesem Tag so viele andere Teilnehmer da, die auch nie gehört wurden. Wir alle wurden in die Irre geführt, um zu glauben, wir würden gehört und aussagen. Das war weit von der Wahrheit entfernt. Wenn überhaupt, war es noch mehr Trauma und Enttäuschung, die zu unserer Last hinzugefügt wurden.

Ich verließ das Gerichtsgebäude und nahm ein Taxi zur Euston Station und fuhr erschöpft und enttäuscht mit dem Zug nach Hause. Dies sind meine letzten Erinnerungen an die IICSA.

Ich habe erst wieder von der IICSA gehört, als sie meinen Anwalt kontaktierten, kurz bevor sie ihren abschließenden Bericht veröffentlichten, weil ich meinen eigenen Namen in den sozialen Medien verwendet hatte. Sie baten mich, die Blogs zu entfernen, in denen meine Geschichte erzählt wurde. Sie wollten auch, dass ich nur mein Aktenzeichen in allen weiteren zukünftigen Interviews und Veröffentlichungen verwende.

Es ist interessant festzustellen, dass all die verschiedenen Institutionen, in denen ich missbraucht wurde, von der IICSA-Untersuchung ausgeschlossen wurden. Viele Akten wurden bis nach 2044 klassifiziert und versiegelt. Später wurde mir von den christlichen Brüdern des Ordens De La Salle mitgeteilt, dass sie sich nicht für meinen Missbrauch verantwortlich fühlen, da sie Mitarbeiter des Innenministeriums gewesen seien und ich mich daher an das Innenministerium wenden solle für alle Entschädigungsansprüche.

Die IICSA hat mich nicht einmal persönlich kontaktiert, sondern nur meine Tochter und meinen Anwalt, was auch unverschämt war.

Das war kurz vor dem Abgabetermin des Abschlussberichts der IICSA, und ich kann nur annehmen, dass sie sehr nervös waren, da sie mittlerweile weitflächig als feindselig, selektiv und manipulativ gegenüber den Betroffenen dargestellt wurden und in den Social Media enttarnt wurden.

Als sie die Forderung nach Entfernung von Blogs als Druckmittel benutzten, um mich und andere Überlebende zum Schweigen zu bringen, enttarnte sich die IICSA selber als Teil der Omerta-Kultur, denn sie versuchte, Überlebende an Veröffentlichungen über den wahren Stand der Dinge zu hindern und öffentlich gegen die Mängel und schwerwiegenden Fehler der Untersuchung vorzugehen.

Die IICSA bot erst dann plötzlich, nach all dieser Zeit ohne Kontakt, endlich emotionale Unterstützung und Rechtsberater an, als sie selbst von Anwälten unter Beschuss gerieten, aber ihre kurze Liste von Therapeuten und Anwälten war auch eindeutig voreingenommen, da sie aus dem Kontext der eigentlichen Missbrauchsorganisation, der römisch-katholischen Kirche, stammen , oder zumindest klare Verbindungen zur Kirche haben.

Auch die Wohltätigkeitsorganisationen, die mir genannt wurden, erwiesen sich als typische Sackgassen. In einem Fallbeispiel wurde mir nach langem Gespräch mit einer Betroffenen-Hotline gesagt, dass sie nur wohlwollend zuhören würden, aber keinerlei Befugnisse oder einen Auskunftsservice hätten und mir daher empfehlen würden, mich erneut an die Diözese zu wenden – und mich somit zurück zu der eigentlichen Täter-Institution zurücküberwiesen, was völlig inakzeptabel ist.

Es ist, als würde man ein Opfer der Mafia zum Mafia-Clan-Chef zurückschicken, um Gerechtigkeit und Entschädigung zu fordern und von ihm zu erwarten, dass er damit auch zugibt, dass er der Kopf einer kriminellen Organisation ist, die die Befehle erteilt hat und alle beteiligten Spinnennetze betreibt, um ihre organisierte Kriminalität zu koordinieren und zu vertuschen.

Das ist genau das, was der Vatikan tat und tut, und in Großbritannien haben sie schließlich sogar den anglikanischen Stuhl in ihren Teufelsadvokaten-Verbund zur heimlichen Unterbringung und Schutz von Pädophilen in der weltweiten Kirche mit einbezogen, die sie gegenüber der Öffentlichkeit die Kindesmissbrauchs-Prävention aber als gemeinsame Schutzmaßnahmen (Safeguarding), mit Jesuiten Pater Hans Zollner als der Vatikanischen Safeguarding Anlaufstelle, verkaufen.

Zollner versucht, die Betroffenen gezielt durch seine finanzierten Charities in Großbritannien, aber auch weltweit, unter Kontrolle zu bringen und sie wieder in die Klauen der Kirche zurückzuführen.

Dafür benutzt er verschiedene engagierte Laien, mit denen er sich fotografieren lässt für ihre gemeinsamen PR-Stunts, und diese haben jeweils auch ihre Leute fürs Grobe, die auch mal Betroffene handfest bedrohen und stalken und die, obwohl sie im Gefängnis dafür waren, auch noch ihre eigenen katholischen Charities leiten.

Wenn Sie Kinder vor Missbrauch in den Kirchen schützen wollen, lassen Sie sie zu Hause. Den Kirchen kann man nicht trauen. Sogar die IICSA kam in ihren Berichten zu diesem Schluss.

# Kapitel 12:

## Die große Qual – die IICSA-Nachwirkungen

Die Wochen vor dem Abschlussbericht der IICSA waren eine Zeit der Retraumatisierung, des Aufruhrs und des Umbruchs in meinem Leben und für alle Betroffenen und denen, die ihre Sorgen teilen und mit uns für Gerechtigkeit kämpfen.

Die ständige Propaganda der Kirchen verspottete uns Überlebende, indem sie Erklärungen veröffentlichte, dass Kinderschutzmaßnahmen schon lange in Kraft seien, was lediglich bedeutete, dass die alten Missbrauchs-Verhandlungspartner jetzt nur noch klüger und dreister geworden waren, und die Empfehlungen mit ihren eigenen Umsetzungen verdrehten, indem sie korrupte Missbrauchsbeauftragte einfach nur neu gruppierten in strategischen Positionen, die in Wirklichkeit schon immer die alte Missbrauchs- und Trafficking-Seilschaft war.

Plötzlich sind altbekannte pädophile HelferInnen und KinderhändlerInnen in denselben Kirchen und Institutionen wieder anzutreffen, jetzt sogar als Kinderschutzbeauftragte, GemeindesekretärInnen, Kirchenvorstands-MitgliederInnen und -Vorsitzende, RechtsberaterInnen , ChorleiterInnen, Kirchen-MusikerInnen, und SonntagsschullehrerInnen. Einige sogar in mehreren Kontroll-Positionen und als geheime UnterhändlerInnen für die Erzbischöfe.

Ich und viele andere Überlebende waren sehr ängstlich, frustriert und hatten keine große Hoffnung mehr auf diesen bevorstehenden Abschlussbericht. Schon während der Untersuchung wurden uns zu viele Steine in den Weg geworfen, aber besonders in den letzten

Monaten, als ich anfing, offener und kritischer gegenüber der Voreingenommenheit der IICSA zu werden.

Aber die Presse beschäftigt sich jetzt auch immer mehr mit Überlebenden, und obwohl ich skeptisch bin, wie lange ihr Interesse anhalten wird und was ihre wahren Motive sind, sind soziale Medien rund um die Uhr ein unschätzbares Werkzeug, um sich mit anderen Überlebenden weltweit zu verbinden und die immer gleichen Muster der organisierten Kirchen-Kriminalität und insbesondere der Vertuschungen und der Omerta-Kultur aufzudecken.

Die Idee der Parkbänke zur Erinnerung an Missbrauchsopfer der IICSA, um das Bewusstsein für CSA zu schärfen, hat jeden einzelnen Überlebenden, den ich kenne, wütend gemacht, da wir uns durch die Untersuchung noch mehr im Stich gelassen fühlten.

Solche Bänke werden in der Regel von Angehörigen Verstorbener als Ort des Gedenkens aufgestellt. Wir hatten das Gefühl, abgeschrieben zu sein und wie die Toten behandelt zu werden, anstatt konkrete wirkliche Hilfe und Unterstützung zu bekommen.

Diejenigen von uns, die sich gegen die Bänke aussprachen oder für die Aufstellung von Bänken auf dem Gelände unserer Missbrauchsstätten forderten, die sie aus der Untersuchung herausgehalten hatten, wurden von den Beratern der IICSA einfach in den sozialen Netzwerken blockiert, was an sich schon empörend ist, da sie behaupten, in unserem Interesse zu handeln .

Die meisten von uns warten sogar immer noch auf Entschädigung und Anerkennung unseres Leidens, und wir erwarteten, dass die IICSA zumindest dahingehend in ihrem Abschlussbericht vorschlägt, die Gesetze zugunsten der Verhinderung von CSA und der Verfolgung von historischem Missbrauch geändert würden.

Der Abschlussbericht der IICSA empfahl nicht einmal die Aufhebung gesetzlicher zeitlicher Beschränkungen, wie dies in anderen internationalen Untersuchungen der Fall war. Die Anzeigepflicht wurde aufgenommen, aber warum nicht auch die erstere? Es hätte nichts gekostet, den Schlussbericht um die Aufhebung gesetzlicher Zeitbeschränkungen zu ergänzen.

Countess Sigrid von Galen hatte meine und John Lambs Geschichte über unsere Zeit in Croome Court geschrieben und in einem Blog veröffentlicht, der weltweit eine breite Leserschaft fand, mit starken Reaktionen, die unseren Kampf für Gerechtigkeit widerspiegelten.

Ich wurde von Sonia Poulton zu einer Frühstücksradiosendung eingeladen, die auch große öffentliche Unterstützung erfuhr. Inzwischen habe ich auch in Fernsehinterviews für die BBC und in Radio- und Podcast-Shows über die Sabotage der Kirche an der IICSA gesprochen .

Danach ließ die IICSA ihre Anwälte meinen Anwalt kontaktieren, um zu sagen, dass ich gegen den Datenschutz verstoße, indem ich meine eigene Identität preisgebe, und sie zwangen uns, den Blog zu schließen.

Es war äußerst belastend für mich, und es kam mir als finsterer Hohn vor, dass die IICSA mir im selben Brief und später in Telefonaten Beratung für jegliche Unterstützung in dieser Angelegenheit anbot. Verdrehter und zynischer geht es nicht!

Mich und andere Überlebende auf diese Weise zum Schweigen bringen zu wollen, zeigt, dass die IICSA eine versteckte Agenda zu haben scheint – um den Schaden für die Kirchen, aber auch für bestimmte staatliche Einrichtungen,  zu begrenzen.

Wir kommen später noch einmal darauf zurück, wenn wir uns die Advokaten des Teufels in ihrem eigenen Kapitel ansehen. Je näher die Zeit für den Abschlussbericht rückte, desto mehr offenbarte die IICSA ihre Nervosität angesichts der Rebellion von Überlebenden und der öffentlichen Infragestellung ihrer Integrität.

Das Institute for Criminology and Justice (ICJ) untersuchte die

Strategien und Prozesse der Kirchen in ihrem eigenen unabhängigen Bericht nach der Veröffentlichung des abschließenden IICSA-Berichts.

Unnötig zu erwähnen, dass uns Betroffenen – also jenen, die noch am Leben sind – diese Wochen der Untersuchungs-Sitzungen und sieben Jahre der IICSA gesundheitlich und seelisch wieder einmal alles abverlangt haben.

Wir hatten auch eine sehr selektive und kurze Liste von Anwälten erhalten, die von der IICSA als Vorschläge für Rechtsberater ausgewählt wurden, von denen die meisten, wie wir inzwischen wussten, als Doppelagenten sowohl für die Kirchen als auch zum Nachteil von uns Überlebenden handelten, indem sie versuchten, uns mit Geheimhaltungsvereinbarungen, sogenannte NDAs, zu schikanieren.

Eine andere Art des Schweigens, die eine lange Tradition in der Vertuschungskultur der Kirchen hat, und die verhindert hat, dass ganze Jahrzehnte verloren waren für die Gerechtigkeit von Überlebenden, da Anwälte Doppelprovisionen erhielten - Bestechungsgelder vom Vatikan und die Gebühr von den Klienten, die einen außergerichtlichen Vergleich mit einer Schweigeklausel unterschrieben.

Dieses Phänomen der DoppelagentInnen gibt es auch unter Überlebenden und Wohltätigkeitsorganisationen - oder, sollte ich sagen, denen, die behaupten, solche zu sein!

Es war äußerst entmutigend und auch retraumatisierend, herauszufinden, dass viele Wohltätigkeitsorganisationen, die vorgaben, Überlebenden zu helfen, die um die Zeit, als die IICSA begann, und während der Ermittlungen wie Pilze aus dem Boden schossen, tatsächlich versteckte Fangarme und Spinnweben der Kirchen und anderer Täterkreise mit einem riesigen Budget für Bestechung und Spionage sind.

Wohltätigkeitsorganisationen wurden einfach zum Sammeln von

Informationen und zum Manipulieren und Fangen von Überlebenden eingesetzt. Helplines wurden entwickelt, um herauszufinden, wo Überlebende in Sachen Verklagung der Kirche standen und was sie zu tun beabsichtigten, und sie wurden für weitere Verfahren an die beteiligten Institutionen zurückgeschickt, wodurch die Missbrauchten erneut missbraucht wurden.

Countess Sigrid von Galen hat für das Institute for Criminology and Justice (ICJ) die IICSA und die Geschichte anderer internationaler Untersuchungen zum sexuellen Missbrauch von Kindern in einem unabhängigen Bericht aufgearbeitet, den ich gerne auch in Teilen in dieses Buch aufnehmen möchte.

# Kapitel 13:

## Die Anatomie der internationalen Sabotage von Untersuchungen zum sexuellen Missbrauch von Kindern, unabhängiger ICJ-Bericht, Eine kurze Zusammenfassung

Das Institut für Kriminologie und Justiz:

Unabhängiger IGH-Bericht an den Croome Court und andere Institutionen:

Die Anatomie der Sabotage internationaler Untersuchungen zum sexuellen Missbrauch von Kindern

Eine kurze Zusammenfassung

Autorin: Countess Sigrid von Galen

Überlebende des Missbrauchs durch die katholische Kirche, nicht nur am Croome Court, wurden viele Male von allen Organisationen, Institutionen und Ermittlungen im Stich gelassen, einschließlich der neuesten Untersuchung, der IICSA, die vorgaben, über Jahrzehnte in ihrem Namen zu handeln.

Das ICJ wurde mit einem unabhängigen Bericht beauftragt, der auf den eigenen Erfahrungen und Aussagen der Überlebenden mit denen basiert, die behaupteten, ihre Interessen im Kampf für Gerechtigkeit zu vertreten.

Hier ist eine kurze Zusammenfassung des unabhängigen ICJ-Berichts:

Es gibt viele gemeinsame Nenner der Sabotage internationaler Ermittlungen zum sexuellen Missbrauch von Kindern.

Alle Täterorganisationen, aber besonders die Kirchen, die in Jahrhunderten denken und planen und Diözesanpläne für 10 Jahre machen, spielen immer auf Zeit, solange sie damit durchkommen, um Gerichtsprozesse zu vermeiden.

Gleichzeitig schüchtern sie Zeugen ein und vernichten Beweise, um ordnungsgemäße Ermittlungen und Gerichtsverfahren zu verhindern.

Sehr oft werden sehr vage Versprechungen gemacht, um den öffentlichen Aufschrei zu beruhigen, in der Hoffnung, dass er einfach verhallt.

Die Kirchen setzen für viel Geld PR-Agenturen und Journalisten international strategisch ein, um die Öffentlichkeit mit anderen Themen abzulenken, damit die Leser ihr Interesse verlieren und sich auf den Missbrauch und andere organisierte Kriminalität konzentrieren.

Die Kirchen geben Millionen für ihr Image aus und verwenden dafür oft sich wiederholende Schlagworte wie "Verantwortung", "Achtsamkeit", "Bewusstsein" und "Schutz" , nach denen sie allerdings kontraproduktiv handeln.

Zeugen und Überlebende haben ihre Erfahrungen und Beobachtungen zunehmend international ausgetauscht, sodass die systemischen und organisierten Kriminalitätsmuster und der Faschismus der Kirchen immer transparenter und sichtbarer wurden.

Die Betroffenen schildern ihre Frustration über die Arroganz und das Nichthandeln und Fortbestehen der gleichen alten Muster der Kirchen, die Pädophile und nachgewiesene organisierte Kriminelle unter Geistlichen international verstecken und beherbergen, und über die immer gleiche legalisierte Gesetzlosigkeit, die der Standard des kanonischen Rechts ist, den die Kirchen höher stellen als das Gewohnheits- oder Strafrecht der Länder.

Priester, die ihre Kollegen anzeigen, müssen nach Anordnung von Papst Benedikt XVI. exkommuniziert werden, um den Ruf der Kirche zu schützen. Nicht die Opfer werden geschützt, sondern die Kirche.

Die irischen, australischen, britischen und anderen Untersuchungen wurden allesamt von denselben Täterorganisationen sabotiert, insbesondere von katholischen und anglikanischen, aber auch von anderen Kirchen und weiteren Lobbyorganisationen.

Die Kirchen versuchen immer, die Untersuchungsstandards und Verfahren zu kontrollieren und zu sabotieren. Sie wollen das Sagen haben und entscheiden, wer was und wie untersuchen darf. Sie werden dafür sorgen, dass kirchentreue Vorstandsmitglieder und Funktionäre auf allen Ebenen strategisch platziert werden, selbst an Gerichtshöfen und in Jurys.

Ein typisches Vorgehensmuster des Vatikans, aber auch anderer Kirchen, sind die Kombination von organisierten kriminellen Methoden und Strategien, um Zeugen zum Schweigen zu bringen, Überlebende, ihre Familien und Freunde zu diskreditieren und zu verleumden.

Diese Muster zeichnen ganz klar ein Bild der kirchlichen Täterkultur mit weitreichenden Tentakeln und engmaschigen lokalen, nationalen und internationalen versteckten Verbindungen und geheimen Vereinigungen, die über die Mittel zur Durchsetzung von Omerta verfügen wie wir es aus der weiteren organisierten Kriminalität international kennen.

Überlebende berichteten von Erfahrungen mit gefälschten sogenannten Gutachten, die darauf abzielten, sie zu diskreditieren und zu verleumden. Die Experten waren eindeutig voreingenommen und nahmen eine Doppelagenten-Rolle ein.

Anwälte haben auch weltweit über Jahrzehnte als Doppelagenten gehandelt, die vom Vatikan und den anglikanischen Kirchen bestochen wurden, um Überlebende zu NDAs zu locken und sie mit Drohungen einzuschüchtern, sollten sie es wagen, sich zu äußern oder zu Gericht zu gehen. Ziel war immer, einen außergerichtlichen Vergleich zu erreichen, gepaart mit einer Schweigeklausel, und Zeugen möglichst schon im Vorfeld zu diskreditieren.

Die Familiengeschichte der Betroffenen wurde verzerrt, um den institutionalisierten Missbrauch und die selbst das allgemeine Leben beeinflussenden übergriffigen kriminellen Handlungen der Täterorganisationen zu rechtfertigen.

Der Verrat von Identitäten von Überlebenden und Fürsprechern der Überlebenden schienen von der IICSA als Insider-Jobs ausgeführt worden zu sein. Die Mails wurden an alle Empfänger der IICSA per CC versendet! Die IICSA wurde später mit einer Geldstrafe von

£ 200.000 belegt, aber die Opfer dieser strategischen Angriffe warten immer noch auf eine Entschuldigung, wenn nicht gar auf eine Entschädigung.

Mehr und mehr Täter infiltrierten auch die sozialen Medien und gaben sich nur als Betroffene aus und gründeten sogar Kirchen in der Nähe von Wohltätigkeitsorganisationen, die die Mitstreiter in ein falsches Sicherheitsgeflecht locken sollten, um durch sie einfach Informationen zu sammeln und herauszufinden, was ihre rechtlichen Absichten waren.

Die Ermittlungen wurden oft heimlich von den Kirchen über Interessengruppen gesteuert, um den Schaden zu begrenzen und sich nur auf ohnehin schon bekannt gewordene Fälle zu konzentrieren.

Unnötig zu sagen, dass die Kirchen immer nur die niedrigste Schwelle, wenn überhaupt, für Entschädigung und Unterstützung für Überlebende festlegen, wenn es ihnen überlassen wird. Sie werden immer sicherstellen, dass jede geleistete Entschädigung und Hilfe sowie Berichte, Therapien und Beratung oder Rechtsberatung mit einer Liste von ihren bevorzugten Experten-KandidatInnen verbunden ist.

Überlebende, die bei Ermittlungen und insbesondere bei der IICSA anwesend waren, sagten, dass sie in denselben Raum wie die Anwälte der Kirche und hochrangige Funktionäre und Geistliche gebracht wurden, die sie ganz bewusst einschüchterten.

Entschuldigungen werden oft angeboten, aber verlangen gleichzeitig Vergebung; sie haben selten Taten zufolge und werden ohne Verpflichtung zu einer Entschädigung gegeben.

Viele Überlebende mussten ihre Tortur noch einmal durchleben und wurden ohne jegliches Hilfsangebot von Beratung oder Betreuung, oder auch der Organisation einer Unterkunft, retraumatisiert.

Den Überlebenden wurden Versprechungen gemacht mit der Absicht, sie nie zu erfüllen, nur um den Eindruck zu erwecken, den Ermittlungen zu helfen, während Dokumente und Beweise tatsächlich vernichtet wurden,

Die Vorsitzende der IICSA, Prof. Alexis Jay, wurde höchstwahrscheinlich aufgrund ihrer Fähigkeit gewählt, die sie bereits in Rotherham unter Beweis gestellt hatte, sich auf eine selektive Auswahl von Fällen zu konzentrieren, die bereits offengelegt waren, und diejenigen auszulassen, die dem Ruf der Kirchen oder Dritter Parteien noch weiter schaden würden.

Ihre Empfehlungen blieben auch immer hinter echten Gesetzesänderungen zurück und empfahlen nur Maßnahmen, von denen sie wusste, dass sie von den Kirchen und anderen einflussreichen Täterkreisen leicht sabotiert und ignoriert werden könnten und würden.

Auf diese Weise könnte ihr Ruf intakt bleiben und Mängel abgetan und als außerhalb ihrer Kontrolle liegend dargestellt und der anhaltenden unantastbaren Täterkultur die Schuld gegeben werden.

Die Kardinäle und Erzbischöfe spielten dieses Szenario durch, indem sie Erklärungen abgaben, dass die Eine Kirche jetzt neue

Schutzverfahren eingeführt habe, diese jedoch nicht überall als solche durchsetzbar seien, insbesondere in religiösen Orden.

Was Verantwortliche wie Archbishop of Canterbury Justin Welby und Kardinal Vincent Nichols jedoch nicht erwähnt haben, ist ihre geheime Positionierung von neu gruppierten alten CSA-Seilschaften innerhalb der RKK und der anglikanischen Kirchen in neuen Verkleidungen und wiederverwendeten Rollen als GemeinderatssekretärInnen, SonntagsschullehrerInnen, KirchenvorsteherInnen, KirchenmusikerInnen, OrganistInnen, ChorleiternInnen, Rechts- und FinanzberaterInnen und andere.

Die Erzbischöfe und Kardinäle verpflichten ihre Priester zum Schweigen und setzen Anwälte von Überlebenden als ihre Doppelagenten ein, was der Kirche Gerichtsverfahren  und die öffentliche Demütigung fur die Verantwortung von Millionen von Missbrauchsfällen für lange Zeit  erspart hat.

Es gab Berichte, dass Geistliche entführt und gefoltert werden, und auch unter Hausarrest gestellt von ihren Bischöfen. Sie werden auch gestalkt und bedroht, und in ihrer Kommunikation kontrolliert von den unsichtbaren Nachbarschafts- und Gemeindenetzwerken, die auf der inoffiziellen Schwarzgeld-Gehaltsliste der Kirchenfürsten stehen.

Im Falle der IICSA-Anhörungen trat eine wichtige Zeugin, die seit über 30 Jahren in der Erzdiözese Birmingham beschäftigt war, am Wochenende vor Beginn der Untersuchung von ihrem Posten zurück und gab vor, ihr Gedächtnis verloren zu haben.

Zuletzt traten zwei große unabhängige Vorstandsmitglieder einer Untersuchung im Kölner Erzbistum vor einem Gerichtsverfahren gegen den Kölner Kardinal Woelki ebenfalls zurück.

Die Kirchen werden vorgeben, Strategien zu entwickeln, die auf den ersten Blick wie Prävention und Schutz aussehen, in Wirklichkeit aber nur PR-Gags sind.

Die Kirchen rekrutieren und platzieren ihre Interessensvertreter in einer Gruppe, Wohltätigkeitsorganisation oder Bewegung als Infiltratoren, die die anderen in Richtung der kirchlichen Agenda manipulieren und alle Bemühungen und Fortschritte für Wahrheit und Gerechtigkeit sabotieren können.

Diese DoppelagentInnen freunden sich mit anderen MitgliederInnen an und machen sie von ihnen abhängig, sei es in ihrer Meinung, finanziell, spirituell, sozial oder sexuell.

Ein kreativerer Ansatz der Kirchen und ihrer Geheimdienstmaulwürfe besteht darin, Überlebende in Projekten wie Buchveröffentlichungen über oder von Überlebenden einzufangen.

Beispielsweise freundete sich in mehreren Fällen ein Agent, der sich selbst als Überlebender ausgab und vom Vatikan sogar in ein Untersuchungsgremium eingesetzt wurde, mit Betroffenen an und schlug eine Buchveröffentlichung vor.

Er lud mehrere Überlebende, die in den sozialen Medien sichtbar und aktiv waren, ein, sich in einer demnächst erscheinenden Sammlung ihrer Geschichten Gehör zu verschaffen. Er hat nie erwähnt, dass es durch einen Zuschuss der gleichen katholischen Wohltätigkeitsorganisation finanziert worden wäre, die versucht hatte, dieselben Überlebenden bei mehreren Gelegenheiten zum Schweigen zu bringen und sie an die Erzdiözese zurückzuverweisen.

Hätten sie gewusst, dass er einen Vertrag mit der fraglichen Wohltätigkeitsorganisation hatte, hätten sie niemals zugestimmt, zu diesem Buch beizutragen. Unnötig zu sagen, dass er sich am Ende in einer E-Mail geoutet hat, um zu sagen, dass das Buch nicht zustande kommen würde, und er hat in seinem letzten Satz zum ersten Mal die Wohltätigkeitsorganisation genannt. Er wusste, dass die Betroffenen dabei waren, ihn zu überführen.

Dies retraumatisierte die Überlebenden jedoch wieder einmal, da klar wurde, dass er nur wissen wollte, wo sie stehen und was sie über ihre Pläne verraten würden, die Kirche noch mehr zu entlarven, und ob sie noch vor Gericht gehen wollten. Ein Spion, wie er im Buch steht. Er hatte sich einen Namen zugelegt, der irgendwann im Sand verlief; seine Handynummer wechselten ständig, zeitgleich mit seinen verschiedenen Ausreden für Verzögerungen.

Während all seiner Kommunikation mit den Überlebenden verschleierte dieser Agent seine Person und Identität sowie seinen Wohnort, typisch für eine Undercover-Legende, die darauf abzielt, ein erfundenes Bild eines zerbrochenen Lebens zu präsentieren.

Er kannte auch die Freunde der Überlebenden, mit denen sie in den sozialen Medien interagierten, und versuchte, diese ebenfalls zu rekrutieren, indem er in seinen Texten Merkmale und Details verwendete, die ihnen vertraut erscheinen würden.

Dies zeugt von verschiedenen Geheimdienstpraktiken, wie sie durch Publikationen bekannt sind.

In dieses "Projekt" muss viel Forschung und Überwachung geflossen sein, aber der Agent hatte es übertrieben und konnte auf vatikanische Quellen zurückgeführt werden.

Die Kirchen haben international ganze Armeen von PR-Agenturen, Sachverständigen, Anwälten, bestochenen Staatsanwälten und Richtern beschäftigt, die ihnen Gefälligkeiten schulden oder einfach erpresst und gemobbt, aber auch gut bezahlt werden, um Opfer, Whistleblower und etwaige Zeugen zu diskreditieren und zum Schweigen zu bringen.

Der Einsatz von als Doppelagenten agierenden Anwälten vor einem Besuch einer hochrangigen Kirchenpersönlichkeit oder einer öffentlichen Untersuchung ist eine durchaus gängige Strategie, um zu versuchen, den Überlebenden von der Wichtigkeit des Treffens zu beeindrucken und zu manipulieren, so dass letzterer dazu eher geneigt wäre, noch schnell eine Schweigeklausel-Vereinbarung mit einer fetten Abfindungsversicherung zu unterschreiben.

Die Anwälte würden dann heimlich versuchen, so viel Material und so viele informelle Aussagen von den Überlebenden zu sammeln, um sie gegen sie zu verwenden und alle beteiligten Zeugen, sogar die weitere oder verstorbene Familie, im letzten Moment zu diskreditieren.

Wenn sie für ihren geheimen Auftraggeber, die Kirche, nichts finden konnten, versuchten sie es auch mit sexuellen Annäherungsversuchen an Familienmitglieder, um dies als Erpressungsinstrument zu nutzen, wie es in den Kirchen oft der Fall ist.

Sachverständige, insbesondere Ärzte und Psychiater, werden oft von den Kirchen bezahlt und legen, wie auch in der Vergangenheit mehrfach weltweit, voreingenommene Berichte vor, in denen Überlebende fälschlicherweise als "ungebildet, rückständig, geistig behindert" dargestellt werden ,unmoralisch, Süchtige mit schlechtem Genpool', so lautet das Vokabular der Konzentrationslager, in denen von den Nazis verherrlichte Ärzte an Inhaftierten jeden Alters experimentierten und dies auch nach dem Krieg mit Hilfe der Kirchen und Kirchen tun durften finstere politische Kräfte.

Wie wir nur allzu gut  wissen, wird diese Haltung einer Scheinwissenschaft mit Schablonen zur Kategorisierung von Menschen bis heute praktiziert, oft sogar in vielen Regierungsbereichen unter dem Vorwand und Deckmantel der Forschung. Es ist einfach eine Neugruppierung und Wiederverwertung der alten faschistischen Ideologie in neuen Verkleidungen und neuen Masken.

Der in Rafael Violas  Fall eingesetzte Sachverständige war auf diese Weise völlig voreingenommen und ihm wurde gesagt, dass er gerne eine zweite Meinung einholen könnte, wenn Rafael sein Bericht nicht gefiele, aber  dass er dafür die Summe von £ 5.000 selbst bezahlen müsste !

Und dann gäbe es keine Garantie dafür, dass der zweite Sachverständige nicht auch im selben Boot wie der vorherige säße, da die Anwälte auf der gleichen Wellenlänge sind und meist eindeutig Doppelagenten waren oder zu ängstlich sind, um den Kirchen zu widersprechen.

Die meisten Überlebenden können sich keinen eigenen unabhängigen Sachverständigen leisten, geschweige denn einen langwierigen Gerichtsprozess gegen eine eindeutig faschistisch getriebene Methodik und ein Vokabular eines Täterkirchen-freundlichen versteckten Spinnennetzes von Rechts- und PR-Armeen durchlaufen.

Kirchen reagieren auf Vorwürfe immer nur dann, wenn sie diese nicht mehr vermeiden können, sei es aufgrund einer Verschlechterung des öffentlichen Ansehens, Steuerausfällen oder Gerichtsverfahren.

Die KirchenfunktionärInnen  entschuldigen sich immer nur dann, wenn sie durch öffentlichen oder politischen Druck dazu gezwungen werden, aber ohne Konsequenzen. Und dann tut es ihnen auch nur leid, erwischt worden zu sein.

Sie werden dann eine weitere Wohltätigkeitsorganisation oder Telefon-Hotline einrichten, die einfach wie eine hilfreiche und unterstützende Maßnahme aussehen, in Wirklichkeit jedoch Knotenpunkte zum Sammeln von Informationen und Fallen für Überlebende sind, die sie wie in einem Hamsterrad in Kreise schicken und den Überlebenden erneut falsche Hoffnungen einflößen.

Solche Organisationen und Projekte führen immer so oder so in die Täterkreise zurück, wenn sie z.B. einem Überlebenden sagen, dass seine Telefonleitung nur da ist, um zuzuhören und das Opfer zurück an die Diözese zu ihren Tätern zu verweisen, wodurch es erneut missbraucht wird.

Diese verdeckten Wohltätigkeitsorganisationen und Interessengruppen sind immer darauf ausgerichtet, die Überlebenden davon abzuhalten, Gerichtsverfahren zu verfolgen, die sie möglicherweise in Bewegung setzen.

Manchmal wirken Schlüsselfiguren, die eigentlich Schachfiguren der Kirchen sind und die strategisch und mit viel Geld eingesetzt werden, sich auf die Seite der Überlebenden zu stellen, heimlich als Abschreckung für Betroffene.

Infiltratoren unter Experten haben sich sogar als Buchautoren, Professoren oder Gutachter in den an der Missbrauchsforschung beteiligten Disziplinen etabliert und sind in den sozialen Medien, im Fernsehen, im Schreibzirkel und mit ihrem Engagement für Überlebende bekannt.

Dies sind oft getarnte Täter, die von den Kirchen systematisch ausgewählt werden, da sie erpressbar und leicht zu manipulieren oder am Ende zu verbrennen sind, wenn sie ihre geheimen Missionen und Zwecke erfüllt oder verfehlt haben und die Beweise gegen sie durchgesickert sind.

In Fällen, in denen Überlebende von einem engagierten Anwalt vertreten wurden, wurden die Aussagen der sogenannten Sachverständigen oft vollständig widerlegt, aber leider wurde die Retraumatisierung mit der falschen Aussage durchgeführt und sollte ebenso wie der erneute Missbrauch entschädigt werden.

Empfehlungen nach Untersuchungen werden oft nur sehr langsam, wenn überhaupt, umgesetzt. In den wenigen Ländern, in denen die obligatorische Anzeigepflicht und Strafverfolgung Vorrang vor dem Beichtsiegel gewonnen hat und jetzt Gesetz ist und wo gesetzliche Beschränkungen aufgehoben wurden, scheinen die Kirchen seit den älteren Untersuchungen, wie in Irland, immer noch Wege gefunden zu haben, sich ihrer Pflicht zu entziehen und schlängeln sich aus der Entschädigung und der Anzeigepflicht heraus und verwenden weiterhin Strategien im Mafia-Stil von Omerta und beschuldigen Unschuldige, Zeugen und Whistleblower wie zuvor.

Gerichtsverhandlungen werden auf jede erdenkliche Weise sabotiert. Dokumente werden geschreddert oder verschwinden; Zeugen und ihre Freunde und Familien werden bedroht, bestochen oder sogar ermordet.

Es gibt immer noch sehr wenige Politiker, die sich für Gerechtigkeit für die Überlebenden einsetzen.

Kirchen werden oft nur unausgegorene Sicherungs-, Interventions- und Präventionskonzepte präsentieren, um sie dann einfach wieder zurückzunehmen, da sie in der Realität nicht dazu angelegt sind zu funktionieren und schließlich zur Schließung der vermeintlichen Stiftungen oder Kommissionen führen, die ohnehin meist aus alten umgruppierten Täterkreisen stammen.

# Kapitel 14:

## Die Geschichte wiederholt sich

Organisierter Kindesmissbrauch  und damit zusammenhängende Verbrechen sind keineswegs ein neues Phänomen im Geschichtsbuch der römisch-katholischen Kirche und auch aller anderen institutionellen Religionen.

Missbrauch, Vergewaltigung, Zwangsadoptionen erzwungener oder illegaler Handel mit Leihmutterschaft, Embryonendiebstahl, Handel mit Körperteilen, Organen und illegale menschliche Experimente waren schon über Jahrhunderte weit verbreitet und heimlich dokumentiert.

Kinder und Frauen wurden von den Kirchen schon immer wie Waren behandelt, und die Misshandlungen waren und sind Teil der Täterkultur, um sie gefügig zu machen. Erst in den vergangenen Jahrzehnten und seit dem Anfang dieses Jahrhunderts wird mehr und mehr öffentlich bekannt und wir sind nun in der Lage, uns über soziale Medien im Handumdrehen weltweit in Lichtgeschwindigkeit auszutauschen.

Es gibt aber auch interessante Dokumentationsperlen, die im Buchflohmarkt zu finden sind, zum Beispiel über "The End of Medieval Monasticism in the East Riding of Yorkshire" von der East Yorkshire History Society. Die Broschüre behandelt den Missbrauch, die Vergewaltigungen und anderen Verbrechen, die in und von Klöstern begangen wurden, und listet sogar die Namen von Nonnen auf, die Babys zur Welt gebracht haben, und von Mönchen, die Beziehungen in den Pfarreien hatten – schon zur Zeit Heinrichs VIII.

In einem weiteren Buch über die Erfahrungen des illegalen Handels in Londoner Leichenschau Häusern bis in die 1990er Jahre, 'Corrupt Bodies, Death and Dirty Dealing at the Morgue', von Peter Everett, erfahren wir, dass Leichen wie Waren behandelt und skrupellos in Teilen verkauft wurden von korruptem forensischen Personal, das auch von Beerdigungsunternehmern, Nonnen und Mönchen mit Leichen versorgt wurde, die sie verschwinden lassen wollten.

Es ist mittlerweile ausführlich bekannt und dokumentiert, wie religiöse Orden unter dem Schutz von missbrauchten, gestohlenen oder korrumpierten Amtssiegeln alle möglichen Kreise der organisierten Kriminalität bedienen.

Zum Beispiel half ein ehemaliger Master of the Queen's Bench, ein Richter am High Court, die organisierten Verbrechen seiner Freimaurerloge zu vertuschen, und wurde erst entfernt, nachdem er mit seinen verschiedenen Verschwörungen auch gegen die Krone aufgeflogen war.

Auch Sozialarbeiter sind oft mitten in gierigen und zwielichtigen Parteien von Pädophilie-Lieferketten oder denen von Zwangsadoptionen und illegalen Menschenexperimenten und Geheimgesellschaften gefangen. Sie werden von den Täterkreisen mit falschen Informationen gefüttert, die oft über offizielle Befugnisse und Status verfügen, die sie missbrauchen.

Es steht fest, jetzt auch durch die jüngste Untersuchung der IICSA, dass den Kirchen unter keinen Umständen der Kinderschutz anvertraut werden kann. Die verschiedenen Funktionäre der Kirchen haben selbst zugegeben, dass sie "unfähig" und auch nicht willens sind, Disziplinarmaßnahmen oder Anzeige- und Meldepflichten durchzusetzen, wenn dies gesetzlich vorgeschrieben wäre.

Wir haben einen Siedepunkt erreicht, an dem die wütenden Stimmen von Überlebenden der organisierten Kirchen-Kriminalität von vergangenen revolutionären Jahrhunderten bis in heutige Zeit widerhallen in allen Zweigen der Kirchen;

von der vatikanischen und anglikanischen Kirche, und neuerdings
auch der lutherischen und der evangelikalen bis zu den orthodoxen
Denominationen, überall gärt es! Noch immer gelten die gleichen
alten Schweigestrategien der Kirchen, aber sie können die schiere
Flut der Aufdeckung ihrer Verbrechen nicht mehr aufhalten.

Die zornigen Stimmen werden jetzt weltweit immer mehr verstärkt,
und die Kirchen hören sie alle nur zu deutlich im kalten Angstschweiß,
da jetzt sogar die Päpste ihren eigenen Wölfen zum Opfer fallen und
auch noch posthum in die Gerichte gezerrt werden und mit ihnen alle
ihre Unterhändler und die Mittäter. Sie sind nun Verlierer, denn die
Kardinäle sind  füreinander Verbindlichkeiten.

Mit Beweisen, die aus allen Ecken der Welt auftauchen, ist der
Prozess der endgültigen Gerechtigkeit und des vorzeitigen Gottes-
Gerichtstages nicht mehr aufzuhalten, und keine Behauptung der
Unschuld oder Leugnung mehr glaubwürdig oder möglich. "Schuld
im Sinne der Anklage!" lautet das Urteil.

# Kapitel 15:

## Die Advokaten des Teufels: Die Doppelagenten der Kirchen

In einer Zeugenaussage schreibt Rafael Viola: 'Mir wurde ein Psychiater zugeteilt, der auf seinem Gebiet der PTBS-Forschung zu Kriegsveteranen gelobt wurde und häufig als Sachverständiger fungierte, der von der katholischen Kirche und der IICSA als Gutachter beauftragt wurde.

Er beurteilte mein Trauma und bewertete meine Zeit bei Croome Court. Mir wurde gesagt, und ich vertraute ihm zu dem Zeitpunkt, das er ein berühmter Professor und hochdekorierter Spezialist auf seinem Gebiet war.

Er verbrachte nur zwei Stunden mit mir, nachdem ich zweieinhalb Jahre warten musste, um ihn überhaupt sehen zu können, und zu diesem Zeitpunkt war mein Freund und Überlebender John Lamb bereits gestorben, ohne jemals Gerechtigkeit zu bekommen und einen positiven Schlussstrich für den Missbrauch ziehen zu können, den er erlitten hatte.

In seinem Bericht machte der Professor falsche Angaben über meine Familiengeschichte und über die Ursache meines Traumas. Er erstellte einen widersprüchlichen und voreingenommenen Bericht, der nicht nur mich, sondern auch meine verstorbene Mutter, meinen Vater, meinen Bruder und meine Schwester missachtete und völlig falsch darstellte.

Er beschuldigte meine Gene und mein multikulturelles und mehrsprachiges lebhaftes Familienleben zu Hause als den Hauptgrund für meine traumatischen Erlebnisse. Nicht die Tatsache, dass ich im Alter zwischen 10 und 16 Jahren in einem Betreuungssystem zwangs untergebracht war, das Kinder demoralisierte, sie auf alle unvorstellbaren und unaussprechlichen Arten missbrauchte, folterte und sie als Versuchskaninchen für ihre illegalen Drogen- und psychologisch-physische Kriegsführungs-Experimente verwendete und sie wie menschliche Boxsäcke und Ware behandelte, alles im Namen Gottes.

Als ich diesen Bericht erhielt, war ich schockiert über die klischeehaften und voreingenommenen Aussagen, die er gemacht hatte. Sie klangen ziemlich wortgleich wie die Mengele & Co. Berichte aus einem KZ.

Mein Vater war ein liebevoller, aber auch strenger und moralischer Mann, der hart arbeitete und wie viele andere als Vater von neun Kindern kämpfte, die in bitterer Armut in Glasgow lebten. Er hatte als Offizier in der britischen Armee gedient und hatte danach eine von meinen Urgroßeltern finanzierte gute Ausbildung genossen und arbeitete als Landschaftsgärtner.

Gegen alle Widrigkeiten und das System, Kinder aus Familien in katholische Orden zu bringen, um katholische Einrichtungen mit möglichst vielen ausgewählten Kindern als ihre Einkommensquelle zu benutzen, und manche geheime oder illegale Agenda zu versorgen, hat er immer wieder versucht, mich aus dieser Zwangssituation zu befreien.

Er hatte hart gekämpft, um mich aus der Obhut dieses Systems frei zu bekommen; von einem System, das korrupt und kriminell war; er wurde aber immer wieder abgewiesen, weil die Experten es für in meinem besten Interesse hielten, unter der Autorität der Kirche zu bleiben.

Meine Schwester, die ebenfalls Missbrauch innerhalb des Pflegesystems erlebt hatte, hatte Kinder, die Außergewöhnliches geleistet haben und hochkarätige Universitäten wie Cambridge, St. Andrews und Keele besucht hatten und erstaunliche Möglichkeiten erhalten und genutzt hatten, so wie meine Kinder später auch.

Wenn also die Genetik bei Ihrer Erziehung und dem Weg ihrer Zukunft eine Rolle gespielt hat, wie konnten meine Kinder und die Kinder meiner Schwestern und Brüder die genetische Annahme dieses faschistisch orientierten Gutachters brechen und im Leben so erfolgreich sein?

Dieser Bericht klang, als ob ich und meine Familie verdient hätten, dass wir misshandelt wurden und dass ich das Leben, das mir zuteil wurde, schon in den Genen vorgezeichnet hatte. Ich habe später mit meinem Anwalt dagegen protestiert, aber als Antwort bekam ich nur, dass es doch nicht allzu schlecht klang und dass es kein Spiegelbild meiner Familie sei.

Sie entließen mich aus dem Zeugenstand und ließen den Professor seinen Bericht zu Ende vorlegen. Zu diesem Zeitpunkt hatte ich jegliches Vertrauen in meine Anwälte verloren, da es offensichtlich war, dass sie die Überlebenden nicht als ihre Priorität hatten

Ihnen ging es lediglich um den Ruhm, dass sie die katholische Kirche über mich angeklagt hatten, was damals noch eher selten war,  aber sie wollten sich auch nicht zu weit aus dem Fenster für mich lehnen.

Später fand ich heraus, dass die Mehrheit der Anwälte, wie auch diese, jahrzehntelang ohnehin Doppelagenten gewesen waren, die Honorare von beiden Seiten, den überlebenden Mandanten und Bestechungsgelder von den Kirchen akzeptierten, da diese Teufelsadvokaten der katholischen Kirche die Blamage der öffentlichen Bloßstellung in einem Gerichtsverfahren ersparten, das dem Vatikan auch noch Schadensersatzforderungen und Schmerzensgeldzahlungen gebracht hätte.

Der Vatikan wird immer sicherstellen, dass Sachverständige und Anwälte gegen die Überlebenden vorgehen, indem sie Strategien anwenden, um den Justizprozess so lange wie möglich zu verzögern, und indem sie die Zeugen und Opfer verleumden und so jeden einzelnen Aspekt diskreditieren, den die Überlebenden zur Sprache bringen könnten .

Es ist ein gezielt retraumatisierender Prozess, durch den die geistlichen Täter und Whistleblowers per päpstlichem Dekret vom damaligen Papst Benedikt XVI. unter Androhung der Exkommunikation die Überlebenden von rechtlichen Schritten abzuhalten.

Die Täter dürfen nichts zugeben, oder, wenn ein anderer den Missbrauch eines anderen Geistlichen melden sollte, steht dem Kläger, nicht dem Angeklagten, Exkommunikation ins Haus. Das alleine spricht schon Bände über die Täterkultur der katholischen Kirche.

Wenn der Vatikan Ermittlungen oder Gerichtsverfahren und Tribunale nicht mehr vermeiden kann, scheut er keine Kosten, um die anerkanntesten und teuersten Spezialisten einzustellen, die man für Geld auf seiner täterfreundlichen Liste kaufen kann.

Wir konnten das kürzlich an der Wahl des ehemaligen Papstes Benedikt XVI. einer Londoner Anwaltskanzlei sehen, ein Top-Ten-Unternehmen der Welt, und in meinem Fall wählten sie einen preisgekrönten Psychiater, der sich auf die PTBS-Behandlung von Kriegsveteranen spezialisiert hat. Wenn es um die Vertuschung von Kirchenverbrechen und um den Ruf der Kirche geht, ist Geld kein Problem. Millionen von Spenden werden so für die Vertuschung von organisierter Kriminalität verschwendet.

Der Vatikan sorgt dafür, dass Überlebende seine kirchlichen Organisationskanäle durchlaufen müssen, um eine Entschädigung oder Bezahlung für Therapien oder solche Gutachten zu erhalten. Damit beeinflusst er direkt das Ergebnis, denn der Papst will sicherstellen, dass der Überlebende auf diese Weise kontrolliert und der Schaden so weit wie möglich begrenzt werden kann.

Auf diese Weise sind die Experten nur zum Schein unparteiisch, aber in meinem Fall wurde beispielsweise das gesamte Gutachten später von neuen Rechtsexperten wieder zerpflückt, die jede einzelne Aussage beanstandeten und Stück für Stück widerlegten.

Es ist mehr als lächerlich und extrem tragisch, dass Überlebende so abgestempelt und retraumatisiert werden. Sie müssen bereits unter extremen Zwängen und körperlichen Folgen für ihre langfristige Gesundheit leben.

Jeder Auslöser führt auch zu körperlichen Symptomen und Beschwerden, wie Schmerzen und Fieber, Müdigkeit und Schlimmerem. Bis heute habe ich fünf Entschuldigungen von der katholischen Kirche erhalten, aber das sind für mich nur weitere leere Worte ohne Taten.

"Sorry" ändert nichts an der Vergangenheit oder dem Trauma, das ich ständig durchlebe, und "Sorry" bringt nicht meine Kindheit zurück, die mir so grausam genommen wurde.

Im Jahr 2015 erhielt ich eine Postkarte von Erzbischof Longley, der seine Gebete schickte, und er entschuldigte sich einmal öffentlich bei der Untersuchung, aber bis heute sucht er mit seinen Kollegen nach Ausreden für die Kirchen, die Schutzmaßnahmen nicht durchzusetzen.

Kardinal Nichols, der damals auch Erzbischof von Birmingham war, rechtfertigt ständig die Nichtdurchsetzung der neuen Schutzmaßnahmen auch in allen religiösen Orden, indem er zitiert, dass es "einfach zu viele von ihnen gibt, um den Überblick zu behalten"!

Er und Erzbischof Justin Welby haben gemeinsam zum Schein die One-Church-Safeguarding-Policy aufgestellt, die im Grunde einfach eine Umgruppierung bereits bekannter Pädophilen- und CSA-Netzwerke ist und bedeutet, dass alte Kinderhandel-Spinnennetze nun wieder strategisch in Gemeinden anglikanischer und vatikanischer Kirchen mit neu platzierten, aber altgedienten Helfern in Positionen für Kindesmissbrauch und Menschenhandel aktiv sind.

Sogar die IICSA bestätigte in all ihren – wenn auch begrenzten – Berichten, dass den Kirchen unter keinen Umständen ihr eigener Schutz anvertraut werden kann und darf, und die Passivität und

Weigerung des leitenden Schutzbeauftragten Nazir Afzal, dies überhaupt zu kommunizieren und sich mit Überlebenden zu beschäftigen, wird immer deutlicher .

Aus meiner Erfahrung mit dem Vatikan kann ich ehrlich sagen, dass ich kein Licht am Ende des Tunnels zur Gerechtigkeit sehe. Sie werden jeden Überlebenden bekämpfen, solange sie damit durchkommen können, und das auch noch mit den schmutzigsten Mitteln, die ihnen zur Verfügung stehen.

Es ist jedoch interessant festzustellen, dass sich Überlebende international zunehmend auch mit Wissenschaftlern zusammengetan haben, die nicht mit den Kirchen verbunden sind, und ihre eigenen Untersuchungen durchführen, eine Entwicklung, die die Kirchen nicht vorhergesehen haben.

Nichts geht über ein 24/7-Engagement von leidenschaftlichen Gerechtigkeitssuchenden, die auf die harte Tour gelernt haben, diejenigen abzuschneiden, die ihr Vertrauen missbraucht haben, und sich immer nur mit denen weltweit zu verbinden, die auf der gleichen Wellenlänge sind und überall die gleichen Erfahrungen teilen.

Nazir Afzal, der Vorsitzende des CSSA, brauchte mehr als ein Jahr, um sich überhaupt öffentlich mit Überlebenden in den sozialen Medien zu verbinden, und das erst nach einem immer lauter werdenden öffentlichen Aufschrei, dass er die meisten Überlebenden, die ihn kontaktierten, ignoriert und immer nur mit denen interagiert habe, die er kontrollieren konnte und die immer noch daran glaubten, dass er eine Brücke zur Kirche für sie baute.

Schon im Rotherham-Prozess zeigte er sich sehr wählerisch, verfolgte nur eine winzige Gruppe von Straftätern, ließ aber viele andere hochrangige aus, was den Kirchen sehr entgegenkam, da sie einen Vorsitzenden für ihre Pseudo-Schutzorganisation CSSA suchten, den sie kontrollieren und gegebenenfalls wieder fallen lassen konnten, sollten die Dinge schief gehen und sie schließlich sowieso für ihre Fehler zur Rechenschaft gezogen werden.

Schon jetzt sieht man, dass es weitere Intrigen zwischen konkurrierenden katholischen Wohltätigkeitsorganisationen und ihren FunktionärInnen gibt und plötzlich Kritik gegen die CSSA und insbesondere gegen Afzal von anderen laut wird, die in Rom ihre eigenen Förderer haben und ihn ersetzen wollen.

Von unserem Standpunkt aus sehen wir, dass es innerhalb der Kirchen so viele kriegführende Splittergruppen gibt, die alle ihr Stück vom Kuchen der Macht und Finanzierung haben wollen, dass die Kirche bereits ihr eigenes Corpus delicti ist, da sie bis ins Mark verfault vom Kopf stinkt.

Die Päpste sind die Chefs der Korruption, der organisierten Kriminalität und des Faschismus, aber eines Tages wird auch das bewiesen, und dass sie über fast alles Lügen gelehrt und faschistische Großreichs-Phantasien verbreitet haben.

Man kann bereits jetzt sehen, wie die verschiedenen kirchlich finanzierten Wohltätigkeitsorganisationen gegeneinander kämpfen, alle versuchen, den größtmöglichen Gewinn zu erzielen, der dann viele vorgetäuschte Betroffene ernährt, die als Doppelagenten und Spione dabei sind und in Wirklichkeit selbst getarnte Täter sind, die auf neuer Opfersuche sind und ihre Position nun selber missbrauchen.

Bestimmte Fraktionen im Vatikan werden zwar ihre Schuld, aber mit verborgener geheimen Agenda, nur zum Schein eingestehen und nur diejenigen Überlebenden unterstützen, die sie für ihre geheimen Macht-Pläne und Verschwörungen rekrutieren können, und andere werden versuchen, neue Opfer aus dem Pool von Betroffenen zu heranzuziehen, die sie in ihre Wohltätigkeitsorganisationen locken, nur um sie zu retraumatisieren und erneut zu missbrauchen - die Geschichte wiederholt sich.

Es ist aber ein ermutigendes Zeichen und eine Entwicklung, dass sich selbst ein ehemaliger Papst, Benedikt XVI., plötzlich von einem deutschen Gericht wegen Unterlassung angefochten sah.

Der Überlebende, der den Vatikan jetzt wegen eines neuen Blickwinkels und einer neuen Lücke verklagt, die sein unkonventionell denkender Anwalt entdeckt hat, verzichtet notfalls auf seine Entschädigung zugunsten der Wahrheit und des Geständnisses des Vatikans, der zugeben muss, dass Verbrechen begangen wurden, was weltweit einen Präzedenzfall darstellt.

Wenn er gewinnt, könnten Überlebende auf der ganzen Welt die Kirchen und andere Täterorganisationen auch vor Gericht bringen, selbst wenn gesetzliche Zeitbeschränkungen nicht aufgehoben wurden, mit dem gleichen Ansatz.

Es ist auch ein schlechter Zeitpunkt für den Vatikan und insbesondere für die Päpste und Kardinäle, dass der frühere Chefrevisor des Vatikans, Libero Miloni, jetzt das Staatssekretariat auf ungerechtfertigte Entlassung und auf Schadensersatz verklagt. Alles, was er getan hat, war, seinen Job außerordentlich gut zu machen, noch dazu mit jahrzehntelanger Erfahrung und Expertise bei Deloitte und der UNO.

Er deckte mehr auf, als die Päpste und Kardinäle gefordert hatten, und seine Erkenntnisse waren Beweise gegen Kardinal Becchu und den Leiter der Vatikanischen Polizei und viele andere Kardinäle, deren betrügerische Transaktionen in Millionenhöhe von Miloni nachgewiesen wurden.

Kardinal Becchu hatte Miloni 2017 beim Papst als Spion denunziert, um seine eigene Verhaftung zu verhindern, aber 2020 holten ihn die Beweise dennoch ein, und er muss sich nun vor Gericht verantworten. Der Polizeichef musste zurücktreten und darf nicht in den Vatikan zurückkehren.

Es gibt einen Teil der Täterkultur, der von der IICSA sowie den Medien und der Täterkultur unter Verschluss gehalten wird, und wir fragen uns, warum das so ist.

Zum einen schieben plötzlich Organisationen wie die Christlichen De La Salle Brüder dem Innenministerium den schwarzen Peter zu; dann gibt es die vielen geheimen Partner des Vatikan und der Anglikanischen Kirche durch die Freimaurer, Templer und andere militante Orden wie der von Malta und Colomban und Columba, die Schlüsselakteure und Wächter im Namen des Vatikans und der anglikanischen Kirchen weltweit sind.

Während einige dieser Organisationen zum Schein sogar vom Vatikan oder weltlichen Mächten und Fürstentümern verboten wurden, wurden sie insbesondere seit Papst Benedikt XVI. wieder etabliert, und Papst Franziskus erlaubte ihnen ungehindert, ihre verborgene Macht rücksichtslos auszuüben, um die Justiz gegen Überlebende zu behindern und Whistleblowers sogar buchstäblich zum Schweigen zu bringen.

Fast täglich tauchen Kardinäle und Erzbischöfe in den Medien auf, die beschuldigt und angeklagt und für schuldig befunden werden, alle Arten von organisiertem Missbrauch und anderer Kriminalität und jahrzehntelang kirchliche Verbrechen begangen und vertuscht zu haben, während sie die Justiz in jeder Weise behindert haben. Sie konnten bisher bei Ermittlungen auch lügen und behaupten, sie hätten keine Kenntnis von etwaigen Tätern und deren Taten gehabt, aber diese Zeiten scheinen bald vorbei zu sein, denn dafür sind es einfach zu viele Täter und Taten.

# Kapitel 16:

## Einsichten und Empfehlungen

Als Botschafter des Wahrheitsprojekts der IICSA hatte ich anfänglich voller Hoffnung  meine Erklärungen und Empfehlungen für die Untersuchung abgegeben. Später wurde mir jedoch immer klarer, dass die IICSA anfing, sich mir gegenüber feindselig zu verhalten, als ich begann, immer mehr ihre Untätigkeit und sogar Nichterfüllung ihrer gesetzlichen Verantwortung in einigen Fällen, die den Behörden hätten gemeldet werden müssen, in Frage zu stellen.

Ich habe Countess Sigrid von Galen auch im Namen anderer Überlebender um einen unabhängigen Bericht über Croome Court und andere Institutionen gebeten, in denen wir untergebracht gewesen waren, und sie hat in diesem Zusammenhang verschiedene Untersuchungen in ihrer Vorbereitung des unabhängigen ICJ Croome Court Report verglichen und auf Gemeinsamkeiten untersucht.

Der IICSA-Abschlussbericht war keineswegs so weitreichend wie die Schlussfolgerungen und Empfehlungen anderer internationaler Untersuchungen zum sexuellen Missbrauch von Kindern, wie sie beispielsweise in Irland und in jüngerer Zeit in einigen Teilen der Vereinigten Staaten und in Australien durchgeführt wurden.

Obwohl Untersuchungsberichte in führenden Fernseh- und Radiosendern auf der ganzen Welt und als Schlagzeilen in den Printmedien und sozialen Medien gezeigt werden, werden Gerichtsverfahren vom Vatikan immer noch unverblümt sabotiert, obwohl gesetzliche Zeitbeschränkungen aufgehoben wurden und die Anzeigepflicht sogar zum Gesetz in einigen Ländern erklärt worden ist.

Zahlreiche Überlebende meldeten sich international bei den verschiedenen Komitees. Sie alle hatten Folter, sexuellen Missbrauch und Misshandlungen in Einrichtungen erlitten, darunter Internate, Arbeitsschulen, Besserungs- und Disziplinarheime und Waisenhäuser.

Interessant erscheint, dass sich die verbleibenden Zahlen in den Ermittlungen aussagender Zeugen aus verschiedenen Gründen, von denen wir bereits im Bericht des IGH hörten, drastisch reduzierten.

Normalerweise melden sich zuerst Tausende oder sogar Zehntausende Opfer, wenn eine neue Untersuchung angekündigt wird und im Gange ist, aber sie wird schnell in einem mysteriösen selektiven Prozess von den Vorsitzenden und den Vorstandsmitgliedern auf nur Hunderte von Überlebenden reduziert, und die tatsächliche Anzahl von Fällen, die es bis in einen Gerichtssaal schaffen noch weiter heruntergefiltert werden auf weniger als 100 Fälle.

Alle Untersuchungen zeigten, dass die missbrauchten Kinder in großem Umfang aus ihren Familien und ihrem vertrauten Lebensumfeld auf äußerst fragwürdige Art entfernt und von den unter Druck gesetzten und rechtlich schlecht vertretenen Eltern im Auftrag von katholischen und anglikanischen Institutionen mit den Siegeln der Erziehungs- und des Innenministeriums einfach an Sozialarbeiter übergeben wurden.

So wurden sogar Kinder von Großbritannien einfach nach Australien zu Zwangsadoptionen aus katholischen Erziehungsheimen verkauft. Den Kindern hatte man gesagt, dass ihre Eltern tot seien, und dass sie in Australien eine wunderbare Zukunft in einer neuen Familie erwartete. Einige wurden tatsächlich adoptiert, aber viele endeten in pädophilen Netzwerken von katholischen Orden und Gemeinschaften.

Es gab immer das Element der internationalen Kinderhandelsnetzwerke bei der versteckten organisierten Abwickelung von Kindesmissbrauch, Zwangsadoption, illegalen Menschenversuchen, Kinderhandel und Kindersklavenarbeit. Diese kirchlichen und anderen kriminellen Spinnennetze missbrauchten geheime Verbindungen und öffentliche

Autoritäts- und Vertrauenspositionen und gaben auch korrupten Beamten und Betreuern einen Freibrief für die Ausbeutung der Kinder in jeder Weise unter Missbrauch eines Dienstsiegels.

So werden viele Akten, wenn sie nicht bereits geschreddert oder auf andere Weise vernichtet wurden, immer noch geheim gehalten, weil sie die korrupte Verflechtung von staatlicher und kirchlicher Zusammenarbeit für alle möglichen Zwecke zeigen. Sie erreichen eine Dimension, bei der man von Verbrechen gegen die Menschheit sprechen kann und von Verbrechen des Staates gegen diese Kinder und ihre Eltern.

Kinder wurden und werden oft immer noch als Ware betrachtet, die individuelle Kindes- Persönlichkeit ignoriert und ihre Bedürfnisse völlig missachtet. Die Kinder konnten sich nirgendwo beschweren oder ihren Missbrauch und andere Verbrechen melden.

Sie waren von der Außenwelt abgeschnitten, und wenn sie in Gemeinschaften, innerhalb und außerhalb der Kirche oder anderswo geschickt wurden, geschah dies unter den wachsamen Augen der Nonnen, Priester, anderen MitarbeiterInnen und LehrerInnen.

Und wenn die Kinder es tatsächlich einmal zu einer Polizeiwache schafften und mutig genug waren, von ihren Heimen oder Adoptionsfamilien wegzulaufen, um mit einem Polizisten zu sprechen, wurde ihnen nicht einmal geglaubt und sie wurden direkt in die Institutionen der Täter zurückgeschickt und wurden Bestrafungsmaßnahmen ausgesetzt, um sie vor einem Wiederholungsversuch abzubringen.

Bei Kontrollen wurden die Kinder oft nach draußen geschickt, auf das Gelände oder in den Garten oder zu Aufgaben außerhalb ihrer Umgebung, damit sie für die Sozialarbeiter unsichtbar und unzugänglich waren, die einfach die Kästchen ankreuzten, ohne die Kinder, die sie schützen sollten, jemals gesehen zu haben. Das Überwachungs- und Inspektionssystem war somit korrupt und grundsätzlich unzureichend und fehlerhaft.

Weltweit wurden Kinder in einer industriellen Dimension missbraucht, deren Ausmaße erst jetzt sichtbar werden, da die Mauern des Schweigens von Überlebenden abgerissen werden, und sich die Überlebenden endlich täglich in immer größerer Zahl zu Wort melden.

Ganze Generationen von Kindern sind nicht nur in ihrer emotionalen, körperlichen und schulischen Entwicklung gehindert worden; viele sind auch gescheitert, weil sie jeden Tag nur mit Schrecken und Angst aufgewachsen sind, und auch ihre späteren Familien und Partner waren von dem Trauma betroffen, oft ohne die wahren Gründe für die Probleme in der Familie zu kennen.

Jungen und Mädchen wurden schon in jungen Jahren in Einrichtungen systematisch angegriffen und in epidemischen Ausmaßen sexuell missbraucht, während Mädchen anscheinend von Rädelsführern und systematischen Vergewaltigern auch missbraucht wurden, um sie schwanger zu machen, einschließlich zwecks Leihmutterschaft, und das Baby als Objekt zur Zwangsadoption oder als illegale Handelsware der Organ- oder Körperteil-Lieferkette im Rahmen der organisierten Kirchen-Kriminalität zu verkaufen.

Kinder wussten nicht, ob sie noch den nächsten Tag erleben würden oder wann sie von einer oder mehreren Personen, die ihr Vertrauen regelmäßig missbrauchten, vergewaltigt, sexuell berührt oder geschlagen würden.

Wenn sie an einem Tag verschont wurden, mussten sie am nächsten Tag mit ansehen, wie andere unter ihren Schreien gefoltert wurden.

Durch die korrupten und dysfunktionalen Kontrollsysteme und Omerta-Kultur kamen die Täter mit ihren Misshandlungen und anderen Verbrechen über sehr lange Zeiträume und oft sogar Jahrzehnte davon, ohne dafür angeklagt zu werden.

Daher ist es fast unmöglich, die endgültigen Opferzahlen abzuschätzen. Man kann nur eine fundierte Vermutung über die

Raten und Zahlen anstellen, die sich jetzt in verschiedenen Ländern nach der Aufhebung gesetzlicher Zeitbeschränkungen, entweder vorübergehend oder per Gesetz, ergeben. In den Vereinigten Staaten zum Beispiel erleben wir gerade jetzt in einigen Bundesstaaten die explosionsartigen Enthüllungen von Überlebenden, die sich für Gerichtsverfahren gegen die Kirchen melden.

Viele Überlebende erinnern sich oft erst Jahre oder Jahrzehnte später an ihr lange verborgenes Trauma und brauchen danach noch mehr Zeit, um ihre Erfahrungen mit anderen zu teilen. Höchstwahrscheinlich nahmen viele ihre dunklen Geheimnisse und ihren Herzschmerz mit ins Grab, ohne jemals einer anderen Seele erzählt zu haben, was sie erlitten hatten.

Als sich die Überlebenden schließlich zu den Ermittlungen meldeten, verstummten ihre Stimmen oft, da die Kirchen versuchten, ihre Fälle aus den Gerichten herauszuhalten oder sie wo immer möglich von der Öffentlichkeit fernzuhalten, da jede Offenlegung mögliche Entschädigungsforderungen bedeutete und Schädigung des Ansehens der Institutionen durch die Sichtbarmachung ihrer Täterkultur.

Religiöse FunktionärInnen schützten einfach die Täter, und wenn es nicht vermieden werden konnte, sie zu bestrafen, wurden sie weitergereicht und in eine andere Kirche oder Institution versetzt, wo sie erneut ungestört aufs Neue Kinder in großem Stil misshandeln konnten.

Die Päpste wussten um die Ausmaße und Zahlen des weit verbreiteten sexuellen Missbrauchs, taten aber alles, um das wahre Ausmaß unter Verschluss zu halten.

Ermittlungen führten oft zu strategisch geleerten Archiven und rasch geplünderten Tresoren, und so meistens nur ins Leere, und es kommt bis heute vor, dass die Päpste die systemischen Ausmaße des Missbrauchs leugnen und ihren Schock über die Beweise vortäuschen, die eigentlich nicht mehr verdrängt oder vernichtet werden konnten .

Der damals neu gewählte Papst Benedikt XVI. diktierte tatsächlich ein Edikt, das Geistlichen mit Exkommunikation drohte, sollten sie einen Kollegen wegen sexuellen Missbrauchs von Kindern anzeigen. Kardinal Nichols von der Kathedrale in Westminster bestätigte gegenüber der IICSA sogar, dass er eher Priester exkommuniziert, die die Kollegen nach einem Geständnis den Behörden melden würden, als einen Schuldigen dem Gesetz auszuliefern, denn das Ansehen der Kirche müsse unter allen Umständen geschützt werden.

Das bringt wirklich die wahre Haltung des Vatikans auf den Punkt, und erklärt, warum der Vatikan und die Anglikanische One Church lieber in eine ganze Armee von internationalen Anwälten, den Teufelsadvokaten, investieren, um Überlebende zu Schweigevereinbarungen zu zwingen, anstatt die Täter anzuklagen und vor Gericht zu bringen.

Bei seinem Besuch in Holyrood besiegelte Joseph Ratzinger auch eine geheime Vereinbarung mit der verstorbenen Königin Elisabeth II., in der die beiden Kirchen als Eine fungierten, indem sie vorgaben, den Schutz von Kindern zu reformieren und durchzusetzen, aber tatsächlich war dies nur zum Schein und in Wahrheit eine versteckte Proklamation zum Schutz der Täter, die die Kirchen gegenseitig in ihren Orden, Einrichtungen und Institutionen des jeweils anderen verstecken, damit sie straffrei ausgehen und ungehindert weiter missbrauchen können, und so nicht die Einnahmen der Kirchen für den illegalen Menschenhandel und der Prostitution verloren gehen.

Es ist ein Zynismus, der seinesgleichen nur noch in Naziideologie findet, von der Ratzinger ein großer Anhänger und nicht zuletzt auch ihr heimlicher Thronfolger war, denn er strebte nach einer neuen römischen Reichsherrschaft und neuer Weltordnung, die er als Papst als seinen Machthöhepunkt und seine damit verbundene auch weltliche Herrschaft schon in Reichweite sah.

Disziplinarmaßnahmen und Regeln für die organisierten Kirchenverbrechen werden kaum jemals durchgesetzt, weder von den Kirchen noch von Regierungsstellen, es sei denn, die Beweise sind so stark und überwältigend, dass die BeamtInnen und FunktionärInnen der Macht sie nicht länger ignorieren oder unterdrücken können.

Immer mehr Päpste, Kardinäle und Erzbischöfe werden nun als schuldig befunden, weil sie der Justizbehinderung, der vorsätzlichen Schädigung und der Verbrechen gegen die Menschheit sowie der Beihilfe zu organisiertem Missbrauch und anderen Verbrechen und ihrer internationalen Vertuschung und ihrer Vertuschung angeklagt sind.

Joseph Ratzinger wird nun endgültig juristisch vorgeworfen, in seiner Zeit als Bischof in Deutschland zumindest fahrlässig gehandelt zu haben, aber es gibt auch vatikanische Insider Quellen, die ihn selbst in internationale Gerichtsverfahren und Haftbefehle wegen Kindesmissbrauchs verwickeln konnten.

Polizisten aus München ließen Papiere durchsickern, die darauf hindeuteten, dass Ratzinger in München Jungen missbrauchte, aber den Ermittlungsbeamten wurde gesagt, sie sollten die Anklage fallen lassen und die Ermittlungen ganz einstellen.

Eine enge Freundin der Ratzinger-Brüder in Regensburg gab eine Erklärung ab, dass sie wisse, dass die Ratzinger-Brüder Teil einer geheimen Gruppe von Pädophilen und organisiertem Missbrauch seien.

Sie und mehrere Mädchen aus ihrer Klasse wurden auch rituell vergewaltigt, und die Eltern schwiegen, da sie Teil der Täterkultur im inneren geheimen Kirchenkreise waren. Einige der Eltern waren auch Mitglieder oder Ritter verschiedener Orden, wie dem Orden von Malta und dem ebenso berüchtigten Ritterorden von Columba.

Die Geschichten dieser Überlebenden und Notizeneinträge der Polizei werden eines Tages die Päpste selbst posthum verfolgen, da sie der Beweis dafür sind, dass diese Kriminellen den Status ihrer Ämter schon vor und mit und nach Johannes Paul II. entehren und missbrauchten. Benedikt XVI., seine Vorgänger und der jetzige Papst

Franziskus werden nicht mehr als Helden der katholischen Kirche eingehen.

Die neuesten Enthüllungen und eine große Anzahl von organisiertem Missbrauch und anderer weit verbreiteter Kirchenkriminalität überfluten die Presse und sozialen Netzwerke auch aus Frankreich, Kalifornien, Australien, Texas und allen hauptsächlich katholisch und christlich orientierten Vereinigten Staaten, Südamerika, den Philippinen, Deutschland, dem Vereinigten Königreich, Kanada, Polen, Portugal, Spanien, Italien – die Liste ist endlos, die Täterzahlen auch.

Wann werden die Regierungen aufhören, den Kirchen einen rechtlichen Sonderstatus einzuräumen und die Täter endlich strafrechtlich verfolgen und ihnen die diplomatische Immunität entziehen? Die Vernachlässigung der Hinterbliebenen läuft in vielen Ländern auf Ausmaße und Definitionen von staatlichen Verbrechen hinaus! Man kann durchaus von gesetzloser Legalisierung von organisiertem Verbrechen sprechen, das die Kirchen schamlos unter Missbrauch der Immunität weltweit kontrollieren.

Zumal viele katholische Orden jetzt versuchen, sich aus der rechtlichen Verantwortung und/oder der Auszahlung von Entschädigungen, insbesondere bei historischem Missbrauch, herauszuwinden, indem sie behaupten, sie seien einfach Angestellte oder Betreuer im Auftrag des Innenministeriums gewesen.

 Wie bequem, den Antrag eines Hinterbliebenen auf Entschädigung abzulehnen, indem man ihn stattdessen an den Staat verweist oder gar ein Insolvenzverfahren einleitet, damit die Versicherungen zahlen müssen.

# Kapitel 17:

## Das Leben als Whistleblower

Das Leben als Überlebender ist eine Sache. Viele Betroffene, wie ich, haben die Last ihres Missbrauchs ihr ganzes Leben lang schweigend und mit mehr oder weniger Haltung und Geduld getragen. Wir haben unter großem Leiden stillschweigend gelitten oder sind in der inneren Emigration in unseren Seelen herumgeirrt.

Manchen half für eine Weile das Ertränken der unsäglichen Erinnerungen und Albträume und Schmerzen und Qualen in Alkohol oder das Betäuben des Geistes durch Medikamente oder Drogen, aber am Ende vergrößerte es nur das grosse Leiden.

Ich werde nie den Moment vergessen, als ich beschloss, es endlich meiner Familie zu sagen: Wir sahen eines Freitagabends die späten BBC-Nachrichten über eine große Untersuchung über den Missbrauch in der St. Gilbert's Approved School, die von der katholischen Organisation der De La Salle Brüder, auch bekannt als die Christlichen Brüder, betrieben wurde.

Ich saß zusammen mit meinen beiden jüngsten Kindern, meinen damals noch halbwüchsigen Töchtern, in meinem Sessel im Wohnzimmer, und wir sahen die Bilder von St. Gilberts im Fernsehen. Ich fühlte eine enorme Erleichterung und schnappte vor Aufregung nach Luft.

Ich war so glücklich, dass sie endlich entlarvt wurden, und ich sagte zu meinen Töchtern: "Seht Ihr, ich habe euch gesagt, dass diese christlichen Brüder böse sind! Ich war auch eines von diesen Kindern und wurde von ihnen missbraucht! Und endlich werden mir die Leute glauben! Jetzt wird endlich gegen die Organisation De La Salle ermittelt! Niemand hatte mir geglaubt, als ich versucht hatte, ihnen von ihren Verbrechen zu erzählen!"

Nachdem ich es meiner Familie erzählt hatte, war ich sehr erleichtert, dass sie sich wirklich liebevoll und verständnisvoll herausstellte, und ich wünschte, ich hätte es ihnen früher gesagt. Es half ihnen auch plötzlich, meine Prüfungen und Wirrungen in verschiedenen Phasen in meinem und ihrem Leben zu verstehen, da meine Handlungen sie natürlich auch beeinflussten. Ich bin so unendlich dankbar für die Liebe und Nähe zu meinen Kindern und Enkelkindern.

Ich hoffe aufrichtig, dass viele weitere Überlebende jetzt auch tief durchatmen können und den Widrigkeiten trotzen und ebenfalls mit ihren Geschichten hervortreten, die als Ergebnis dieses Buches gehört werden.

Viel zu lange haben wir schweigend gelitten und uns selber als machtlos und falsch verstanden gesehen, und uns selber als Abschaum klassifiziert und kategorisiert gefühlt, weil uns niemand geglaubt hatte!

Mein ganzes Leben hatte ich mich oft einsam, eingeschüchtert und müde gefühlt. Ich wollte mich nicht mehr erklären, aber ich fühle mich benachteiligt und betrogen um meine Erziehung und Bildung und meiner Lebenserwartungen beraubt.

Aber ich habe die Hoffnung auf Gerechtigkeit und das Herauskommen der Wahrheit nie aufgegeben. Ich bin ein Kämpfer für die Wahrheit und mein Glaube und mein menschlicher Geist sind stärker denn je. Ich vertraue darauf, dass Gott mir beisteht, und ich sehe all mein Leiden jetzt in all diesen Höllenlöchern katholischer Institutionen als eine Chance, anderen aus der Dunkelheit zu helfen, die sie wie ich durchgemacht haben.

Ich bin dankbar, dass ich nicht verbittert oder unfähig geworden bin, den Menschen zu vertrauen, die mein Vertrauen verdienen, und dass ich gelernt habe, jemandem oder einer Organisation nicht mehr im

Voraus zu vertrauen, sondern sie mein Vertrauen erst verdienen zu lassen.

Wie ich bereits sagte, ist es eine Sache, Ihre Tortur mit Ihren Freunden und Ihrer Familie zu teilen – es ist ein völlig neues Kapitel und ein völliger Wendepunkt, wenn Sie sich entscheiden, mit der nächsten Phase fortzufahren, um als Whistleblower der Wahrheit und Gerechtigkeit zu dienen, um auch anderen zu helfen, sich von ihrem Leiden zu befreien und die bösen Mauern des Schweigens ganzer Organisationen niederzureißen, besonders wenn es die Mauern des Vatikans sind.

Solange Sie als Überlebender im System bleiben, um in den verfügbaren Kanälen demütig um Gerechtigkeit zu bitten, wird die katholische Kirche (und die anglikanische ist jetzt ein Teil davon, ebenso wie sie die One Church Safeguarding Kollaboration gebildet haben, die natürlich nie in die Tat umgesetzt wird, sondern nur zum Schein, wie bereits erläutert)  Sie nur mit vorgetäuschter Freundlichkeit behandeln, Sie aber, täuschen Sie sich nicht, in ihre strategische Warteschleife wie in ein Hamsterrad stecken!

Sie werden an Wohltätigkeitsorganisationen verwiesen, die vorgeben, Überlebenden zuzuhören und sie zu unterstützen, aber sie führen immer nur ins Leere. Besonders um die Zeit öffentlicher Ermittlungen scheinen sie überall zu wuchern, wie Pilze aus dem Boden zu schießen, da die vatikanisch-anglikanischen Kirchen möglichst viele Informationen von und über Überlebende erfahren wollen.

Telefon-Hotlines und Veranstaltungen für Überlebende sind oft ihre Instrumente zur Informationserhebung und Manipulation, und ihre bevorzugte Waffe  in diesem Krieg der Kirche gegen ihre Opfer, denn es ist ein Krieg, und jede einzelne Aufdeckung der Taktik der Kirche ist ein weiterer Sieg für die Wahrheit und Gerechtigkeit.

Betroffene mussten sich zu oft ergeben, verloren zu viele Schlachten gegen die Kirchen, weil wir uns wie David zu Beginn seiner Herausforderung gegen Goliath fühlten, aber wir haben gelernt, aufzustehen, und mit jeder momentanen Niederlage stärker zu werden, und wir sind auch immer weiter gewachsen im menschlichen Geist, der uns Überlebenden in unserem Kampf für Gerechtigkeit auf dem Weg der Wahrheit verbindet und stärkt.

Wir haben eine Leidenschaft für Frieden, Gerechtigkeit und Wahrheit und wir haben einen Glauben, von dem Päpste nur träumen können und der ihnen wahrscheinlich Albträume von ihren eigenen Verbrechen gegen die Menschlichkeit beschert.

Dieser einfache, aber starke Glaube und unsere Hoffnung auf unseren Sieg des Guten über das Böse hat uns bis hierher getragen und ist immer stärker geworden.

Da ich mich von meiner Familie unterstützt fühlte, begann ich, andere zu ermutigen, sich ebenfalls zu melden und die römisch-katholische Kirche vor Gericht zu bringen.

Als ich schließlich mit vielen anderen Betroffenen zu realisieren begann, dass wir von den Kirchen eigentlich nur gespielt wurden und uns künstlich geschmeichelt wurde, um uns nur ruhig und von den Gerichten fern zu halten, fing ich an, genauer hinzuschauen und mich mit den anderen Überlebenden auszutauschen über all die Verzögerungen bei Auszahlungen und sogar bei der Bearbeitung von Ansprüchen, und siehe da, die Taktik der Kirche schien auf der ganzen Welt immer und immer wieder dieselbe zu sein.

Wir begannen auch zu untersuchen, welche Anwälte, deren Kanzleien inzwischen von Hedgefonds aufgekauft werden und international die Kirchen vertreten, versuchten, uns Schweigeklauseln aufzuzwingen, und entdeckten eine ganz andere versteckte Kultur des Schweigens und eine täterfreundliche Seite der Anwaltsberufe, die alles tun würde, um uns Überlebende zu diskreditieren, so dass wir es nicht einmal wagen würden, irgendwelche Ansprüche geltend zu machen.

Ich beschloss, dass es an der Zeit ist, den nächsten Schritt zu machen und meine Reise in meinem Rollstuhl auf einer größeren Straße, um die ganze Welt für Gerechtigkeit für Betroffene zu beginnen.

Ich bin ein Whistleblower in den sozialen Medien geworden, der einem die meiste Zeit echte Reisen erspart, aber Ihre Botschaft mit einem Klick rüberbringt, und sie erreicht sofort Ihre Mitstreiter und diejenigen, die uns moralisch und mit ihrem Wissen und ihrer Freundschaft und ihren Fähigkeiten selbstlos unterstützen, weltweit.

Als ich anfing, gehört zu werden, als ich offener wurde, wurde ich plötzlich vom Erzbischof von Birmingham, Bernard Longley, und vom päpstlichen Nuntius, Claudio Gugerotti, angesprochen.

Sie trafen sich mit mir und versprachen mir, die Angelegenheit Papst Franziskus zur Kenntnis zu bringen und im Prozess der Gerechtigkeit zu helfen.

Was waren das für PR-Stunts! Sie müssen eindeutig verängstigt und begierig gewesen sein, herauszufinden, ob ich immer noch beabsichtigte, den Vatikan zu verklagen und meinen Fall bekannt zu machen, da dies auch die anderen Institutionen, in denen ich untergebracht war, öffentlich enthüllen würde, nicht nur den Croome Court, der Verbindungen zur Regierung hatte und Projekte und Akten bis 2044 als geheim versiegelt.

Ich habe in kurzer Zeit gelernt, dass der Vatikan Überlebende wie mich unterschiedlich behandelt – da sie mich nicht mit Schmeicheleien und falschen Versprechungen und ihren Hamsterradsystemen zum Schweigen bringen konnten, und mich nicht aufhalten konnten, schickten sie mich im Kreis herum, um alle meine Bemühungen in der Hoffnung zu frustrieren und zu beenden, dass ich sowieso bald sterben könnte.

Sie fingen an, Doppelagenten im Gremium der IICSA, den Anwälten und unter den Kontakten in den sozialen Medien gegen uns Betroffene, die ihre Stimme gefunden hatten, zu platzieren.

In dem Moment, als der Vatikan erkannte, dass ich ein Whistleblower geworden war, der auf jeden Fall die Wahrheit ans Licht bringen und ihre Institutionen und ihre Methoden zur Retraumatisierung von Überlebenden aufdecken wollte, begannen sie, mich wie so viele andere, mit all ihren Bemühungen strategisch ins Visier zu nehmen und mich zum Schweigen zu bringen und auch diejenigen, die mich moralisch unterstützten.

Dabei habe ich einige Mit-Whistleblower kennengelernt, wie Sie es tun, wenn Sie auf Ihrer Mission sind und Ihr Leben mit Leidenschaft der Gerechtigkeit gewidmet haben und auch anderen, die noch keine Stimme haben, Ihre Stimme verleihen, und ich habe Kontakt mit Countess Sigrid von Galen aufgenommen, die schon so lange für viele ein Wegbereiter und Pionier-Whistleblower gegen den organisierten Missbrauch und andere organisierte Kriminalität und den Faschismus hauptsächlich in der katholischen und anglikanischen Kirche war.

Ich bin dankbar, dass ich sie gerade noch rechtzeitig getroffen habe, um von ihrer Erfahrung, insbesondere in Kirchen-, Trauma-, Kriminologie- und Sicherheitsfragen  als Whistleblower zu profitieren, da der Vatikan begann, sich mir mit seinen kriminellen Kohorten zu nähern, und ich so die  meisten ihrer Angriffe verhindern konnte und die Gräfin deckte diese Taktiken und Strategien auf und verstärkte meine Stimme.

Ich lasse Countess Sigrid von Galen hier aus ihren eigenen Erfahrungen mit den vatikanischen und anglikanischen Kirchen sprechen, und auch mit den lutherischen Kirchen, da sie als heimliche Enkelin von Kardinal Clemens August Graf von Galen von Geburt an ein Ziel von allen gleichzeitig war.

Unsere gemeinsamen Erfahrungen und die Angriffe der Kirchen gegen uns überschneiden sich auch und so haben wir beschlossen, diese weltweit organisierten kriminellen Institutionen, die sich unter dem Deckmantel der Einen Kirche tarnen, auf die Weltkarte zu setzen.

Wir haben uns entschieden, hier die Hotspots und wesentlichen Punkte zu verbinden, damit die kirchlichen Muster der Sabotage, der Behinderung der Justiz und der unabhängigen Ermittlungen sichtbar werden und die Hierarchie-Führer für ihr Handeln zur Rechenschaft gezogen werden können.

Ihre illegalen Aktivitäten sind nur allzu deutlich in ihren Wiederholungstaten und ihrem universellen Missbrauch von Autorität und Immunität, auch und gerade wenn man historisch zurückblickt und das Unrecht der vom Vatikan verzerrten und vertuschten Ereignisse und Verbrechen auf die wahren Fakten in der Geschichte umschreibt.

Countess Sigrid von Galen ist auch das erste Enkelkind eines Kardinals, das öffentlich über ihre entsetzliche Behandlung durch den Vatikan und die anglikanischen Kirchen aussprach, die bei zahlreichen Gelegenheiten versuchten, sie zu töten, bevor sie überhaupt herausfand, wer ihr wirklicher Großvater väterlicherseits war. Der Vatikan tötet lieber als einen Menschen leben zu lassen, der dem geheuchelten Kirchen-Image im Wege steht…

Aber sie hatte bereits in ihren Teenagerjahren begonnen, zu schreiben und die Kirche und andere Institutionen mit einer deutlichen Stimme zu enthüllen, die von ihren verschiedenen Mentoren genährt und gefördert wurde, und sie hat sich oft gefragt, warum so viele seltsame Zufälle in ihrem Leben passiert sind und warum so viele Menschen ihr Schaden gewünscht oder angeboten haben ihr Mentor zu sein oder versucht haben, ihr zu schmeicheln und ihr nahe zu kommen.

Ihre Geschichte wird eines Tages auch in ihren eigenen Memoiren erscheinen, aber sie wollte einige ihrer Erfahrungen als gezielter Whistleblower und überlebendes heimliches Enkelkind eines Kardinals teilen, der dabei war, den geheimen inneren Kreis vom internationalen Faschismus innerhalb von Kirche, Politik und den Alliierten und die organisierte Kriminalität innerhalb dieser Gruppe aufzudecken.

Bevor er dies aussagen konnte, wurde er von den überlebenden heimlichen Nazi-Kohorten ermordet, fünf Tage nach seiner Weihe als Kardinal in 1946.

"Lassen Sie uns einfach hier und jetzt sagen, dass der Vatikan über eine riesige faschistische paramilitärische und Söldner-Tötungsmaschinerie verfügt und seine hierarchische Struktur optimal für organisiertes Verbrechen und Weltkriegs-Pläne nutzen kann.

Ein System, das seit 2000 Jahren seine Geheimhaltungssysteme, Infrastruktur und Befehlsstrukturen und Netzwerke für Militarismus, organisierte Kriminalität, Mercenaries und Black Ops auf- und ausgebaut hat mit dem Ziel, eines Tages die Weltherrschaft wieder zu übernehmen.

Das Römische Reich des Vatikans hatte seine Schläfer in jeder Generation, die in jedem Land seine Gegner auskundschaften und manipulieren; die in Eliteeinrichtungen ausgebildet und zum Schweigen verpflichtet wurden, um sie strategisch zu wecken und zu benutzen - alles in einer erfahrenen Täterkultur und unter dem Gesetz von Omerta.

Wichtige Führer und Einzelpersonen wurden in kompromittierende Situationen gelockt, damit sie taten, was ihnen von der Kommandostruktur befohlen wurde, und dazu gehörten auch Laien und Kinder, und fast alle wurden durch ihre Geheimnisse erpresst, die sie auch in Geständnissen teilten.

Wenn einer dieser Marionetten des Systems doch nicht mitspielte, fand die Kirche meistens Wege, Zeugen und Whistleblower zu diskreditieren, ihren Ruf und/oder den ihrer Freunde und Familien zu verleumden oder ihnen zu drohen, sich zu unterwerfen.

Wenn Schmeicheleien oder Drohungen nicht funktionierten, schreckten die Kirchen nicht vor Tötungsbefehlen zurück, natürlich unter Verleugnung.

Tötungsmethoden oder -versuche sind zum Beispiel Vergiftung, Messerstecherei, Brandstiftung, Explosionen, Mord, der wie Selbstmord aussieht, Embolien, Autounfälle, injizierte, aber nicht nachweisbare Übermedikation, Erschießen.

Die Kirchen können sich auf riesige Spinnennetze, Geheimgesellschaften, Clans der organisierten Kriminalität und offene Netzwerke von Wohltätigkeitsorganisationen stützen, die heimlich von versteckten gefährlichen Vereinigungen in gemeinsamen Unternehmen betrieben und geschützt werden, deren Tentakel fast in jede einzelne Nachbarschaft weltweit reichen."

Solange Zeugen, Whistleblower und Freunde und Familienmitglieder von Whistleblowern vom Vatikan und anderen Kirchen ins Visier genommen werden, sei es durch Schmeicheleien, Angebote oder Bestechung oder Drohungen, werden wir diese Strategien offenlegen, sobald und wenn sie gegen uns eingesetzt werden.

"Werft Steine auf uns", sage ich zu den Päpsten, "aber dann werden wir die Felsbrocken vom Berg der Wahrheit zurückwerfen, um endgültig Gerechtigkeit und Seelenfrieden zu erlangen."

# Kapitel 18:

## Der letzte Countdown zum Jüngsten Gericht

Die Weltuntergangsuhr für den letzten Countdown bis zum Jüngsten Gericht tickt für die Kirchen und alle Institutionen und Organisationen, die geschäfts- und gewohnheitsmäßig Kinder in einer organisierten systemischen Infrastruktur wie die der Kirchen missbrauchen.

Es ist nur eine Frage der Zeit, dass die letzten Mauern des Schweigens von den Überlebenden niedergerissen werden, die nun das Schweigen brechen und die Wahrheit ans Licht in schweren Gerichtsakten schleppen, um nie wieder in anonymen Gewölben und Folterorten weggesperrt zu werden.

Die Zeit ist da, in der Kinder und Eltern auf die ehemaligen Gebäude der Kirchen und ihrer Einrichtungen zeigen und sie das  nennen, was sie sind und waren: Tatorte, nun für forensische Untersuchungen geschlossen und nicht mehr als Deckmantel und Alibi-Orte brauchbar.

Sporthelden werden auch nicht länger auf dem Berggipfel des Olymp sein, da sie als Täter, Vergewaltiger und sogar Mörder und gierige organisierte Kriminelle entlarvt werden, die über ein geheimes Spinnennetz der Freimaurerei und anderer solcher Geheimgesellschaften  ausgewählt und befördert wurden.

Gehen Sie einfach mal durch Covent Garden und Sie sehen die Beispiele dieser gefährlichen Vereinigungen und ihrer gemeinsamen internationalen kriminellen Unternehmen in der Öffentlichkeit.

Gier und Machtgier sind die Basis und der Kern des Übels all dieser organisierten kriminellen Organisationen, von Kirchen über

Fußball- und Sportinstitutionen bis hin zu den Einzelpersonen, die die Schlangenleitern erklimmen, auf Kosten von Leben und Ansehen und verlorener Menschenwürde.

Hat es sich für diese Täter gelohnt, organisierte Verbrechen zu begehen, nur um die nächste Stufe auf der Leiter zu erreichen und einen weiteren mit Blut, Lügen und Verrat bezahlten Posten zu erringen?!

# Kapitel 19:

## NEC LAUDIBUS NEC TIMORE - Countess Sigrid von Galen: Die Enkelin des Kardinals: Ein Leben als Zielscheibe des geheimen Auges des vatikanischen Faschismus und der organisierten Kriminalität

© Countess Sigrid von Galen

Mein Großvater war Clemens August Graf von Galen, und ich bin die Enkelin des Kardinals – aber das wurde mir erst nach dem Tod meines Vaters Harry im Jahr 2008 von einer geheimen Delegation mitgeteilt.

Countess Sigrid von Galen im Alter von vier Jahren vor St. Lamberti,
© Countess Sigrid von Galen

Es war ein Schock, der mehrere Jahre in meinen Knochen verweilte, bevor mir klar wurde, dass Whistleblowing über den Faschismus und die organisierten Verbrechen des Vatikans das Vermächtnis meines Großvaters an mich war.

Ich habe diese Bürde und Verantwortung ganz bewusst übernommen, als ich in 2015 besonders vom Vatikan und seinem Partner, der Anglikanischen Kirche, massiv bedroht wurde, und auch gezwungen wurde, auf allen möglichen Wegen, viele meiner Blogs herunterzufahren, als sie eine Millionen-Leserschaft weltweit erreichte und schon lange vor dem Missbrauchstsunami Beachtung bei Betroffenen fanden, die mich von überall kontaktierten und Beweise und Aussagen übergaben.

Die Wahrheit zu verbreiten war schon immer mein Herzensanliegen, und mich für diejenigen einzusetzen, die aus Angst vor Repressalien schwiegen.

Als ich erfuhr, dass Clemens August Graf von Galen mein Großvater war, ließ diese Information mein ganzes Leben sofort in einem neuen Licht erscheinen und viele Fragen, die ich immer hatte, waren mit einem Schlag beantwortet. Ich verbinde aber immer noch auch viele Punkte in der Geschichte, die noch sehr viel mehr der Aufklärung bedürfen.

Ich stand immer unfreiwillig im Fokus der Kirche und war bis 2011 auch selbst ehrenamtlich und beruflich eng mit der katholischen Kirche verbunden. Als mir klar wurde, dass die Kirche direkt mit allen Arten von organisierten Pädophilen- und anderen kriminellen Netzwerken und mit faschistischen Bewegungen verbunden war, hörte ich ganz auf, in die Kirche zu gehen.

*Mein Vater, der heimliche Sohn von Clemens August Graf von Galevn, Harry Wilhelm, und meine Tochter Tiffany.* © Countess Sigrid von Galen

Die katholische Kirche hat durch alle ihre versteckten und hinterhältigen Methoden des Faschismus und der organisierten Kriminalität seit langem alle Brücken für Wahrheitssucher abgebrannt, indem sie ihren Opfern, losen Enden und Whistleblowern das Leben zur Hölle auf Erden gemacht hat.

Wer Augen hatte, um die wirklichen Vorgänge klar zu erkennen und auch fragte, wie man Missbrauchsopfern helfen könne, wurde sehr schnell an den Rand gedrängt und der Prozess der Diskreditierung in Gang gesetzt.

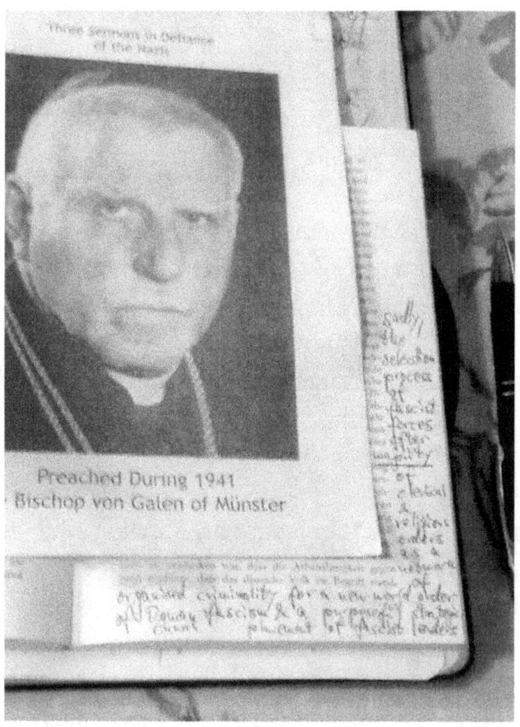


© Countess Sigrid von Galen

Das bedeutet zum Beispiel: Attentate, Morddrohungen, Vergiftungen, Messerattacken, auf Sie gerichtete Waffen, manipulierte Operationen, Gaslighting, Stalking, psychologische Kriegsführung, Folter, Bestechung und Anstiftung zu Straftaten der Umgebung, Diskreditierung oder Entfernung von Zeugen etc.

Wie bei der Mafia werden diese Strategien nach dem Omertà-Gesetz eingesetzt, um die Überlebenden und Whistleblowers zum Schweigen zu bringen und so immer das Image der Kirche um jeden Preis zu schützen.

Es spricht für sich, dass Joseph Ratzinger, als er Papst wurde, sofort ein Edikt erlassen hat, das die Exkommunikation jedes Priesters fordert, der einen Mitpriester und einen Vorgesetzten bei den polizeilichen Behörden anzeigt.

Ich habe all diese Formen der Einschüchterung persönlich erlebt, weil ich als Enkelin dieses sehr bekannten Kardinals einfach von Geburt an ein loses Ende des Vatikans war. Nur durch den unsichtbaren Schutz guter Mächte habe ich alle Anschläge auf mein Leben überlebt und bin auf wundersame Weise noch immer da...

Ich habe meine Gaben immer mit meiner kirchlichen Familie geteilt – als Solosängerin, Chorleiterin, Jugendgruppenleiterin, Stimmtraining, Sprech/Stimmtherapeutin, TV-/Schauspielcoach auch für theologische Shows, Organisatorin von kirchlichen Veranstaltungen und Gastgeberin zahlreicher kirchlicher und kirchlicher Veranstaltungen, Konzerte, Ausstellungen, Feste und Catering, und ich diente auch im Kirchenrat.

So war mein Leben bis 2011 eng mit der Kirche verbunden. Ich habe meine Gaben an meinem eigenen Tisch zu Hause und im Haus Jesu Christi mit Begeisterung und unermüdlicher Hingabe geteilt.

Bis ich eines Tages merkte, dass auch in meiner damaligen Gemeinde mein Vertrauen wieder mal missbraucht und Kinder belogen, verraten und ja auch verkauft wurden, über den Informationsaustausch der diversen pädophilen Spinnennetze, die sich als Wohltätigkeitsorganisationen und kirchliche Initiativen ausgeben.

Ich schreibe fast rund um die Uhr seit 2006 über den Machtmissbrauch in der Kirche, als erst nur wenige an die Opfer von Gewalt und anderer organisierter Kriminalität in der Kirche dachten, aber genau darüber Bescheid wussten! Und ich wurde dafür von allen Seiten angegriffen, Klerus und Laien.

Es sprach sich schnell in meiner Gemeinde herum, dass ich nicht zum Schweigen gebracht werden konnte. Allerdings schrieb mir ein Bischof in 2006, ob ich wüsste, dass ich 'die Bombe [bin], die den Vatikan auf die Knie zwingen kann'. Er versprach, wenn ich die 'nächsten zehn Jahre überleben sollte, mit mehreren anderen Bischöfen Beweise für die organisierte Kriminalität des Vatikans zu erbringen'.

Ich weiss, dass manche ihr Wort gehalten haben, und dafür bin ich dankbar, aber ich halte mich von allen Kirchenvertretern fern, solange sie noch in der Kirche dienen, denn damit sind sie alle mitgefangen und mitgehangen. Alle meine Freunde, einschließlich meines Partners, halten sich daran, dass wir uns erst wiedersehen können, wenn sie endlich ihren Undercover-Dienst, um Beweise in der Kirche zu sammeln, verlassen können. Es ist höchste Zeit, dass wir alle unser Leben zurückbekommen, aber wir befinden uns als Whistleblowers ständig in Lebensgefahr und müssen uns weitestgehend isolieren.

© Countess Sigrid von Galen

Ich wusste, wer in der Kirche versuchte, Kinder mit Geschenken zu bestechen, und wer die Kinder beharrlich zu Ausflügen einlud. Und plötzlich wurden die bis dahin freundschaftlichen Beziehungen zu Bischöfen, Kirchenführern, Priestern und Diakonen/Nonnen unter Ausreden – oder Drohungen – auf Anordnung der Erz/Bischöfe abgebrochen.

Die Kinder im Chor wurden sogar für die letzten anstehenden Chorfreizeiten durch Kinder aus anderen Gemeinden ersetzt, die von Kirchenvorstehern und dem Küster ausgewählt worden waren, die, wie ich später durch den Pfarrer erfuhr, verschiedenen internationalen Pädophilen-Austauschnetzwerken angehörten.

Der Pfarrer, ein Whistleblower, schickte mir Schutz vor diesen Kriminellen und Hilfe in Form einer verdeckten Ermittlerin, dies sich als Vertreterin der Musikinitiative ausgab, die die Chorretreats finanziert hatte und unser musikalisches Wochenende abschliessend beurteilen sollte.

Danach wurden Projekte unter billigen Ausreden vom Kirchenvorstand abgebrochen oder abgelehnt, und mir wurde gesagt, ohne irgendeine Erklärung, ich solle die Kirche nicht wieder betreten.

Die Isolierung ist eine weitere viel benutzte Strategie der Kirchen, um Whistleblowers von der Gemeinschaft zu isolieren, indem man keine Erklärung abgibt, sondern sie einfach diskreditiert und als loses Ende von der Gemeinschaft abschneidet, damit die organisierten kriminellen Aktivitäten in der Gemeinde nicht an die grosse Glocke gehängt werden können.

Besonders gravierend ist der Machtmissbrauch der katholischen Kirche insofern, als der Vatikan auf eine uralte, eingespielte kriminelle Infrastruktur und ein multidisziplinäres psychologisches und paramilitärisches Kriegssystem in Kombination mit dem Gesetz des Schweigens, der Omertà, zurückgreifen kann. Royal Kapläne der anglikanischen und der Vatikanischen Kirche sind auch oft in mehreren Rollen als Infiltratoren und Unterhändler von Kindesmissbrauch und -handel verwickelt.

Konkret war ich beispielsweise auch strategisch mit ausgewählten Personen umgeben, die der Vatikan als Manipulatoren einsetzte — als meine Kommilitonen, Mentoren, Freunde, Nachbarn, Priester, Bischöfe, Lehrer/Professoren/, Ehepartner, Paten meiner Tochter etc .

Als sie mich nicht beeinflussen konnten, dass ich nicht gegen den Vatikan ausspreche (entweder durch interessante Stellenangebote oder Projekte), begannen sie, mich auf verschiedene Weise zu bedrohen: mit Messern, inszenierten Autounfällen, Vergiftungen oder sogar Drohungen, mir meine Tochter durch Verleumdung wegzunehmen.

Das Sozialamt spielte jedoch nicht mit und durchschaute das Spiel des Bischofs, der sein Amtssiegel missbrauchte, und nahm die Aussage meiner Tochter sehr ernst, dass die Kirchengemeinde, aus der ich uns entfernt hatte, voll von Pädophilen und mörderischen Kirchenführern sei.

Sie musste mit ansehen, wie ich auf einer Geburtstagsfeier von einem befreundeten Kirchenvorstand mit einem Messer bedroht wurde und wie ich nach der Sonntagsmesse mehrfach an schweren Vergiftungen litt!

Dieselbe befreundete Kirchenfamilie war auch an Stalking und Verleumdung und verschiedenen organisierten kriminellen Machenschaften beteiligt, für die sie sogar den OBE-Status diplomatischer Immunität ihres Vaters missbrauchten.

Und sie waren nur ein Teil eines riesigen Netzwerks mit internationalen Verbindungen nach Deutschland, Dänemark, Schottland, Amerika, Indien, St. Helena und viele andere Länder.

Einige Kirchenälteste versuchten, mich vor den korrupten inneren Zirkeln der Kirche zu warnen, und einige Whistleblowers in religiösen Orden und Kirchen reisten sogar aus dem Ausland an und lieferten mir Beweise und Dokumente für kriminell und faschistisch motivierte Verbrechen ihrer Kirchen und Organisationen, die ich an die zuständigen internationalen Strafverfolgungsbehörden weiterleitete über vertrauenswürdige Kontaktpersonen und forderte andere Opfer/Zielscheiben des Vatikans auf, dasselbe zu tun .

Die Zeit des Brückenschlagens mit der Kirche ist längst vorbei – ich habe es jahrzehntelang bis 2011 versucht, und ich sehe seitdem nur

Umgruppierungen und Macht-Umverteilungen in der Kirche, und weder echte Reue, Demut noch den Willen, Gerechtigkeit durch Wahrheit herbeizuführen .

Letztlich geht es den Päpsten um das neue Römische Reich, das auf Lügen und Hochfinanz basiert. Joseph Ratzinger war der Papst, der seine Alumni gezielt einsetzte, um die Idee des faschistischen Römischen Kirchen-Großreiches durchzusetzen.

Er hat nicht nur versucht, mich zum Schweigen zu bringen, weil ich einfach von Geburt an ein loses Ende des Vatikans bin, sondern auch, weil ich darauf bestand, die Wahrheit aufzudecken. Nur sehr wenige Kinder und Enkelkinder von Vatikan-Mitgliedern sind bereit, öffentlich für die Wahrheit einzustehen. Aber der Vatikan kann seine Opfer nicht ewig zum Schweigen bringen.

Sein Nachfolger Jorge Bergoglio scheint sogar noch entschlossener zu sein, mich umzubringen, denn der schickt nun sogar seine Kohorten auch zu meiner Tochter und meinen Freunden und anderen Familienmitgliedern, um verzweifelt zu versuchen, uns für immer zum Schweigen zu bringen. Während es leider einige korrupte Familienglieder gibt, die sich Schweigegeld haben auszahlen lassen, spielen diejenigen, denen ich vertrauen kann, dieses Vatikanische russische Roulette nicht mit, sondern wir entlarven die Lügen weiter und sind unbeeindruckt von den Einschüchterungstaktiken und werden eines Tages Gerechtigkeit und Strafverfolgung bereits begangenen Attentate des Vatikans verlangen.

Der Vatikan ist immer bereit, aus der Bibel zu zitieren, die die Päpste und ihre Wolfsrudel im Schafspelz von Kardinälen und Bischöfen ständig zu ihren Gunsten beugen und auch vor Gericht endlos dehnen, wenn sie ihrem Zweck dienen.

Der Papst und die Kardinäle mitsamt der kirchlichen Hierarchie wirken auf die Welt immer mehr wie ein Haufen bitterer und krimineller Männer, die selbst noch über ihre Täterschaft lügen, wenn sie ihnen nachgewiesen wurde.

Es ist Zeit für "Alpha", einen Neuanfang für einen Frieden, der auf Gerechtigkeit durch Wahrheit als solides Fundament aufgebaut ist. Und für "Omega", das Ende des organisierten Verbrechens und der faschistischen Ideologie der sogenannten Einen Kirche des Vatikans und des Anglikanischen Stuhls.

"Ich bin der Weg, die Wahrheit und das Leben" ist das Motto von Jesus Christus an uns!

Mein Weg ist die Wahrheit, und sie ist das Lebenselixier in meinem Atem und meinem Blut, das mich am Leben erhält.

# Kapitel 20:

## Wenn die Päpste nicht zu den Gerichtshöfen kommen, kommen notfalls die Sternenkammern zu ihnen

Achtung: Satire

Was wären wir ohne unseren kindlichen Humor und stoischen Glauben und Hoffnung und Vertrauen, dass am Ende die Wahrheit siegen und den Sieg beanspruchen wird?! Wenn noch nicht im wirklichen Leben, können wir den Prozess ein wenig beschleunigen, indem wir die Idee in eine Satire umsetzen, und die Päpste in der Sternenkammer vor Gericht stellen, ihrer Immunität und Leugnungs-Taktik beraubt.

Exklusiv in der Sternenkammer:

Staatsanwältin Maria Magdalena klagt an,

By Countess Sigrid von Galen

The Justice Gazette

Tag 1 des Prozesses gegen die Päpste, früher und heute:

MM: "Joseph Ratzinger und Jorge Bergoglio! Möchtet Ihr Eure innersten dunkelsten kriminellen Geheimnisse mit der Sternenkammer teilen?

Ich muss Euch daran erinnern, dass Gott und Jesus Christus auf ihren Thronen und Himmel und Hölle Eure Sünden sowieso kennen, aber es wird Euer Strafmaß möglicherweise lindern, wenn Ihr wahrhaftig bereut und Euch freiwillig zu Euren Verbrechen bekennt!

[Päpste und alle schauen auf den Richter-Hammer]

Ich kann übrigens Eure Gedanken lesen - Ihr  beide hättet den Hammer bereits benutzt, um ein falsches Geständnis aus Euren Opfern zu erzwingen, indem Ihr ihn dafür benutzt, um  auf ihr Knie einzuschlagen.

Ihr  könnt Euch glücklich schätzen, dass wir nicht solche qualvollen Methoden anwenden müssen, um Euch wegen der organisierten Kriminalität, des Faschismus, des Terrorismus, der künstlich aufgestachelten Kriegsführung sowieso des Schismus und der unersättlichen Gier anzuklagen, ganz zu schweigen von Euren Lügen und der arischen Ketzerei, die Ihr mit Omertà durchgesetztt habt als Euer Glaubensbekenntnis.'

[MM macht eine Pause und macht eine Andeutung mit einer Geste über die  Höchststrafe in einem von den Päpsten sichtlich das schlimmste zu erwartende Strafmaß in ihren verschleierten Blick und von Angst durchdrungenen Schweigen, was die beiden Angeklagten dazu zwingt, die Windungen ihrer Gedärme nervös zu unterdrücken, denn der Gestank würde das Gas der Hölle im Saal von der Anklagebank aus verbreiten.]

MM: "Ihr beide habt, und Eure Vorgänger, die nun posthum auch hier vor Gericht gestellt und all ihrer Titel und Ehren beraubt und aus dem Buch des Lebens ausgelöscht werden, haben systematisch die abscheulichsten Verbrechen gegen die Menschlichkeit begangen und international vertuscht.

Wir werden hier in der Sternenkammer ausführlich davon hören, und Ihr werdet Euch alle Anklagen und Zeugenaussagen bis ins kleinste Detail anhören müssen, und Ihr wisst so gut wie alle Anwesenden hier, dass Ihr schuldig seid, im Sinne der Anklage! Ihr seid wahre Ausgeburten der Hölle, wenn man die Anklageschriften schon nur grob überfliegt.

Sollen wir jetzt zum Ende von Tag 1 deine spezielle Folterglocke läuten? Oder möchtest du lieber freiwillig, noch bevor du in deine Zelle zurückgeführt wirst, schon die Wahrheit sagen?

Ich habe Eure jeden Fluch und Zauber gegen uns entfernt, sodass ihr einfach sichtbar seid wie die zwei faulen Äpfel, die von ihren höllischen Obstgartenbäumen und von ihrer eigenen Schlangenleiter gefallen sind!

Ihr könntet  zum Beispiel die Krankenschwester als eines Eurer potenziellen Opfer eines Attentatsversuchs erkennen.

Ich wünsche Euch  alles Gute mit Eurer geheuchelten Reue und angeblichen Bereitschaft, der Gerechtigkeit zu dienen - Ihr könnt niemanden mehr manipulieren oder schikanieren, um eine Entschädigung aus ihrer eigenen Geldbörse zu zahlen!'

MARY MAGDALENE klagt an:

ACHTUNG: SATIRE

By Countess Sigrid von Galen

The Justice Gazette

Die Vatikanischen Prozesse

Tag 2: Jorge Bergoglio

MM: "Jorge Bergoglio! Du bist hier in der Sternenkammer, wo Du keine Immunität hast, aber für all Deine Verbrechen gegen die Menschheit und für die organisierte Kirchen- und deren allgemeine Kriminalität und Deine Vertuschungen unter dem Kodex von Omertà verantwortlich bist!

Du hast  in vielen Fällen sogar eine leere Entschuldigung angeboten, aber mit der Absicht, niemals danach zu handeln, und alle Versprechen, die Du jemals für Gerechtigkeit gemacht hast, hast Du gebrochen.

Du hast also die Öffentlichkeit und Deine Opfer absichtlich getäuscht, indem Du verschiedene Image-Maßnahmen für Schönheitsoperationen der Kirche eingesetzt hast, indem Du Pseudo-Wohltätigkeitsorganisationen, Helplines und widersprüchliche Richtlinien eingerichtet hast.

Du weißt so gut wie wir, dass du mit deinen Lügen und PR-Stunts, und mit deinen ewigen Ketzereien, die deine kleinsten Probleme sein werden, nur davongekommen bist, solange wir noch nicht alle Beweise gegen deine Judas-Kirche zusammen hatten.

Du hast  Bewegungen wie Medjugorje ins Leben gerufen, um Informationen zu sammeln und Daten und Originalarbeiten von echten Autoren zu stehlen, und Du hast Dich sogar als andere Personen im Internet unter gestohlener Identität ausgegeben.

Du hast auch Joseph Ratzingers faschistisches Spionagenetzwerk und Paramilitär weiter ausgebaut, die in allen Ländern in Kirche, Politik, Wissenschaft und sogar dem Militär versteckt waren und die er auch um den Dalai Lama und innere faschistische Kreise innerhalb internationaler Sicherheitsbehörden erweitert hatte.

Religion war immer nur der Deckmantel der Kirchen, um eine neue vatikanische Weltordnung aufzubauen.

Ich verspreche Dir, dass einer meiner Verurteilungsvorschläge für Dich und Deine Kirche darin besteht, Dich auf Deine eigenen vatikanisch-römischen Grenzen als Euer kollektives Gefängnis zu beschränken, damit Überlebende und ihre Familien von außen darauf zeigen und sagen können: "Das ist die grösste böse Brutstätte auf Erden!'

# Kapitel 21:

## Das Nachwort

Der lange Weg zur Gerechtigkeit ist die fortlaufende Reise so vieler Überlebender und Whistleblower und ihrer Familien und Freunde, die alle von der vatikanischen, anglikanischen und lutherischen Kirche angegriffen, missbraucht, gefoltert, verfolgt, verleumdet und viele sogar ermordet wurden.

Die Geschichte von Rafael Viola scheint auf den ersten Blick ganz anders zu sein als das Leben einer Sigrid Gräfin von Galen, aber beide wurden vom Vatikan und anderen Kirchen und ihren geheimen gefährlichen und versteckten politischen Vereinigungen verfolgt und verfolgt und angegriffen.

Rafael Viola wurde aufgrund seiner einzigartigen Fähigkeiten, seines mehrsprachigen und multikulturellen Hintergrunds von einer gut geölten Maschinerie aus Kindesmissbrauch, Kinderhandel, Zwangsadoption, illegalen oder geheimen Menschenversuchen und Folter ausgewählt, die unter dem Vorwand der Taktik des Kalten Krieges ermöglicht wurde von Insider- und Outsider-Netzwerken des Vatikans.

Countess Sigrid von Galen war von Geburt an ein Angriffsziel der Kirchen, da sie die heimliche Enkelin von Kardinal Clemens August von Galen, dem Löwen von Münster, war, der nur fünf Tage nach seiner Kardinals-Weihe ermordet wurde.

Clemens August Graf von Galen hatte erkannt, dass der innere Nazi-Feind direkt in der Infrastruktur des Vatikans und der Anglikanischen One Church, die der innere faschistische Kreis unter den Alliierten und dem Vatikan plante, und in den neuen Identitäten von alten und nun strategisch repositionierten Nazis unter den Alliierten verborgen war.

Nach dem Zweiten Weltkrieg wurde die Welt in Lichtgeschwindigkeit zum Handeln gezwungen, und so schmiedeten die Alliierten bereits eine neue Art von Bündnis mit den westlichen Kirchen gegen den Kommunismus. Ihr neuer alter Feind.

Mein Großvater weigerte sich, Teil dieser neuen Weltordnung zu sein, die von den inneren Faschistkreisen, die sich unter den westlichen Alliierten verbreiteten, und von den vatikanischen und anglikanischen Kirchen überdacht und weltweit beheimatet wurde,

Sie brauchten einen neuen Alibi-Papst aus einem geläuterten Deutschland, und der sollte Kardinal von Galen sein, aber er war zutiefst empört und hätte höchstwahrscheinlich seinem Gewissen gehorcht und wäre sogar aus der katholischen Nazi-Kirche ausgetreten, denn  der Vatikan unter Papst Pius war  zu diesem Zeitpunkt längst ein innerfaschistischer Kreis innerhalb der Einen Kirche mit Sitz in Deutschland, Rom und London;

Clemens August Graf von Galen wollte in einem Nachkriegstribunal gegen die Nazis aussagen, die von Papst Pius versteckt wurden und die dann zu Führern in den internationalen verbündeten Geheimdiensten und Geheimdiensten, den Kirchen, in Politik und Wissenschaft wurden.

Sobald man anfängt, die Punkte zu verbinden und sieht, wie der Deckmantel  von Religion und Macht im Rampenlicht der Wahrheit verblassen, entsteht das wahre Bild, wie innerfaschistische Kreise in Regierungen und Kirchen nach dem Zweiten Weltkrieg jahrzehntelang zusammengearbeitet haben.

Gibt es eine bessere Verkleidung für die alten Giraffen- und Rattenrouten des Vatikans als eine neue Pseudo-Kirche – so nützlich, um jede politische Agenda durchzusetzen und die Vatikanbank aktiv als Instrument der internationalen Geldwäsche zu nutzen, um die

Geheimdienste in der westlichen Hemisphäre weltweit bei Laune zu halten, und sie zu Komplizen zur Erleichterung der organisierten Kriminalität und der paramilitärischen Operationen der Kirchen zu machen.

Akten der Korruption und des Macht- und Autoritäts-Missbrauchs wurden einfach versiegelt und lose Enden ermordet. Die vatikanische, die anglikanische und die lutherische Kirche konnten auf das Siegel des Schweigens und auf ihren Status diplomatischer Immunität in jeder einzelnen Gemeinschaft zählen, und sie tun es immer noch.

Whistleblower und Überlebende würden in jeder Hinsicht ins Visier genommen, um die Gewölbe und Mauern des Schweigens zu erzwingen. Erst seit kurzem können Überlebende ihre Erfahrungen mit einem Klick weltweit im Handumdrehen austauschen, egal wo sie sind, egal in welcher Situation.

Für die Täter hingegen wird es zunehmend immer schwieriger, sich zu verstecken und die Informationsfluten aus allen Ecken der Welt zum Schweigen zu bringen.

Unsere Buch- und individuellen Reisen und Erfahrungen überschneiden sich auch mit zahlreichen anderen, die immer noch auf den richtigen Moment warten, um sich zu äußern, aber wir sind auf mysteriöse Weise und einfach durch Mindmapping verbunden.

Wir hoffen, dass dieses Buch all denen endlich eine Stimme gibt, die noch immer nicht gehört werden und zu ängstlich sind, sich zu melden. Rafael Viola hat all seine Qualen und Rückschläge jedes Mal mit einer neuen Kraft und noch mehr Mut überstanden, die daraus resultieren, dass er in der Wahrheit lebt und sie unermüdlich und selbstlos teilt.

Ich habe mich auch mein ganzes Leben lang für andere eingesetzt, und meine Familie und Freunde haben ebenfalls viel dafür bezahlt, und leider einige auch mit dem Leben.Für sie, die so viel für die Wahrheit gelitten und ihr Leben gegeben haben, muss ich die die Flamme der

Wahrheit weitertragen und ich kann gar nicht anders, als jeden Tag erneut aufzustehen und meine ganz eigene Mission zu erfüllen, und den Stimmlosen meine Stimme zu leihen.

Leidenschaft für die Wahrheit und dafür zu sorgen, dass allen Betroffenen Gerechtigkeit widerfährt, ist unsere treibende Kraft, und einen Überlebenden mit Frieden im Herzen lächeln zu sehen, ist das größte Geschenk auf diesem langen Weg zur Gerechtigkeit.

Mögen wir alle in der Wahrheit geborgen sein und dafür sorgen, dass der Gerechtigkeit Genüge getan wird!

Countess Sigrid von Galen

# GLOSSAR

(Stichwörter, Namen und Orte von Relevanz)

**A**

Anzeigepflicht bei Kindesmissbrauch

**B**

Birmingham Erzdiözese
Bergoglio, Jorge
Birke, Arthur
Bison, Jonathan
BND
Bach, Peter

**C**

Christliche Brüder
Church of England
CIA
Croome Court
De La Salle Brüder
Katholische Sicherheitsbehörde
und Wohltätigkeitsorganisationen
Kindesmissbrauch
Kirche von England
Kommission zur Untersuchung des Kindesmissbrauchs, Irland
Korruption
CSSA

**D**

Devotti, Eugen
Doppelagenten

**F**

Father Hudsons Häuser
Freimaurerei

**G**

Gugerotti, Claudio

**H**

Hypnose

**I**

IICSA-Untersuchung zum sexuellen Missbrauch von Kindern
Illegale Menschenversuche

**J**

Jay, Alex

**L**

Londoner Diözese
Longley, Bernhard

**M**

MI5
MI6
Militärische Agenturen
MK-ultra

**N**

Nafsal, Azir
Nichols, Vincent

**O**

Oetken, Angelika
Omerta
One Church
Organisierte Kirchenkriminalität
Organisierte Kriminalität

# P

Päpstlicher Nuntius
Papst Benedikt XVI.
Papst Franziskus
Papst Johannes Paul II.

# R

Ratzinger, Joseph
Ritterorden
RKK
Römisch-katholische Kirche
Ryan, Sean

# S

Sabotage
Schwestern der Nächstenliebe des Apostels Paulus
Soziale Dienste
St. Chad's Cathedral, Birmingham
St. Gilbert's Approved School

# T

Tempelritter
Tennal Assessment Center
Unabhängige Beauftragte für Fragen des sexuellen Missbrauchs von
Kindern (UBSKM)
Torture

# U

UBSKM
United Nations

# V

Vatikan
Vereinte Nationen
Vojtila, Karol

# W

Welby, Justin
Westcott, James John
Westminster-Kathedrale
Westminster Diözese

# Z

Zollner, Hans

# Weiterführende Literatur:

Connelly, John ‚Echoes of the Pastt, Autorenhaus, Bloomington, 2008

Countess Sigrid von Galen, Hear their voices, London 2022

Countess Sigrid von Galen, Die Enkelin eines Kardinals, London 2022

Countess Sigrid von Galen, Nuns are the Smoking Guns, London 2022

Countess Sigrid von Galen, P.S.: Der Missbrauchsbericht über die katholische und die anglikanische Kirche, ICJ Bericht, London 2021

Countess Sigrid von Galen, jamesjohnwestcotthouse2.blogspot.com

- Clemensaugustvongaleninstitute.blogspot.com
- Countesssigridvongalen.wordpress.com
- Sigrid-von-galen.blogspot.com
- ello.co/countesssigridvongalen

Kreuz, Claire,Das Ende des mittelalterlichen Mönchtums im East Riding of Yorkshire,Lokale Geschichtsgesellschaft von East Yorkshire, 1993

Institute for Criminology and Justice (ICJ),Unabhängiger ICJ-Bericht: Die Anatomie der Sabotage bei internationalen Untersuchungen zu sexuellem Kindesmissbrauch, Author: Countess Sigrid von Galen, London 2022

- Die ICJ-Liste freier juristischer Bibliotheken und Ressourcen für die Recherche, zusammengestellt von Gräfin Sigrid von Galen, London 2016

- ICJ Report 8/2016: CoE und RCC Verbrechen gegen die Menschlichkeit unter Missbrauch der diplomatischen Immunität, Author: Countess Sigrid von Galen, London 2016
- ICJ-Bericht 2019: Kindesmissbrauch und Kinderhandel durch Geheimgesellschaften, Author: Countess Sigrid von Galen, London 2019

https://heartheirvoicescroomecourtrafaelviola.blogspot.com

- https://ello.co/rafael1viola

www.ingramcontent.com/pod-product-compliance
Lightning Source LLC
Chambersburg PA
CBHW050944050726

47592CB00007B/2429